부티크 로펌

김진원

대학에서 법학을 전공하고 언론계에 투신해 30년 넘게 법조에 관한 글을 쓰고 있다. 법률시장, 법률회사에 관한 깊이 있는 글을 많이 써왔으며, 중앙경제신문, 중앙일보 기자를 거쳐 2004년 설립된 리걸타임즈의 대표 겸 편집국장을 맡고 있다. 1999년에 나온 《로펌》을 시작으로 《한국의 로펌》, 《김앤장 이야기》, 《로펌 인 코리아》 네 권의 저서가 있다. 이번이 로펌에 관한 다섯 번째 책이다. 경기 파주 출생. 서울대 법대, 동 대학원 법학과 졸업(법학석사).

부티크 로펌

처음 펴낸 날 | 2022년 9월 30일

지은이 | 김진원

펴낸곳 | (주)리걸타임즈
등록 | 2008년 8월 4일(제321-2008-00103호)
주소 | 서울시 서초구 서초중앙로 24길 55(서초동, 403)
편집 | 02-3476-2015
영업 | 02-581-2921
팩스 | 02-3476-2016
이메일 | desk@legaltimes.co.kr

디자인 | 끄레디자인

인쇄, 제본 | 동양인쇄

ISBN 978-89-961584-9-3 03360
값 | 27,000원

글 ⓒ김진원, 2022

부티크 로펌

김진원

리걸타임즈

책을 내면서

 1958년 '이앤김'이란 영어 간판과 함께 돛을 올린 '이태영·김흥한 법률사무소'를 원조로 꼽는 한국 로펌의 역사는 이후 대형화와 전문화를 추구하는 대형 로펌들이 발전을 주도해왔다고 할 수 있다. 한국 대표 로펌으로 불리는 업계 1위, 김앤장 법률사무소는 국내외 변호사를 합쳐 변호사 수가 이미 1천 명을 넘어섰으며, 법무법인 광장, 태평양, 세종, 율촌, 화우 등 그다음 그룹의 로펌들도 수백 명 단위의 변호사들이 포진한 가운데 기업법무의 주요 사건을 휩쓸며 한국 로펌시장을 주도하고 있다.

 한국의 로펌들은 매년 신입 변호사를 채용하고, 최근엔 좀 주춤해졌지만 합병 등을 통해 꾸준히 규모를 키워왔다. 또 한편에선 분야별로 업무분야를 세분화하며 끊임없는 전문화를 추구, 한국 로펌의 경쟁력을 아시아 최고 수준으로 발전시켜왔다.

 이와 함께 한국 로펌들의 규모가 커지면 커질수록 대형화와는 방향이 다른 정반대의 또 하나의 흐름이 꾸준히 이어져온 것도 사실이다. 기성 대형 로펌에서 경험을 쌓은 중견 변호사들은 1990년대 초반부터 차세대 로펌을 설립하며 로펌 업계의 외연을 확대해왔으며, 2000년 전후의 벤처 로펌 등장, 얼마 전부터 활발하게 시도되고 있는 스타트업 로펌 설립으로 이어지며 한국 로펌 업계의 분화가 한두 분야만 전문적으로 취급하는 부티크 로펌(Boutique Law Firm) 붐으로 이어지고 있다.

한국의 부티크 로펌들이 집중하는 분야는 해상(Shipping), 보험(Insurance), 인사노무(Labor & Employment), 지식재산권(Intellectual Property), 조세(Tax), 국제중재(International Arbitration), IT, 의료, 집단소송, 건설 분쟁, 스타트업 전문 등 뚜렷한 전문성과 함께 업무수요가 꾸준한 분야들이다. 이와 함께 M&A와 금융, 공정거래 업무 등을 폭넓게 다루는 기업법무 전문 로펌들도 활발하게 자문에 나서는 등 전방위로 부티크가 확산되고 있다. 어느 한 특정 분야에 국한하지 않고 2개 이상, 여러 개의 전문 분야를 함께 커버하는, 여러 전문 쇼핑몰을 합쳐놓은 것 같은 혼합형 부티크까지 등장했다.

한국 로펌 업계의 부티크 붐, 대형 로펌 변호사들의 끊이지 않는 부티크행의 배경은 무엇일까. 부티크마다 그리고 부티크에 합류하는 개별 변호사들마다 각기 설립 배경과 합류 동기가 다르겠지만, 무엇보다도 대형 로펌의 비대화에 따른 인적 구성의 포화와 갈수록 다양해지는 법률시장에서의 수요 확대라는 구조적인 이유에서 답을 찾는 게 순리일 것이다.

대형 로펌에서 상당한 경력을 쌓은 후 부티크로 옮긴 변호사들은 필자에게 "내 사업을 해보고 싶었다"는 얘기를 가장 많이 했다. 전문성을 갖춘 변호사로서의 독립 의지, 사업 마인드가 가장 큰 동기 중 하나인 셈이다.

한마디로 용의 꼬리로 남기보다는 닭의 머리가 되어 주도적으로 변호사 일을 해보고 싶다는 얘기인데, 기업체 등 법률소비자 입장에서도 그만큼 선택의 폭이 넓어진다는 점에서 한국 로펌 업계의 고무적인 변화로 판단된다.

설립 첫 해부터 연 매출 100억원을 돌파하는 로펌이 등장하는 등 전문성으로 무장한 한국의 부티크들은 대부분 성공적인 것으로 나타나고 있다. 주요 딜의 대리인 명단을 들춰 보면 어느 한쪽 당사자 옆에 부티크 로펌이 들어있을 정도로 부티크 로펌들의 활약이 대단하다.

그만큼 한국 법률시장의 수요가 다양하고, 고퀄리티의 법률서비스를 필요로 하는, 기성 로펌들의 서비스가 충분히 미치지 못하는 틈새시장, 새로운 시장이 폭넓게 존재한다는 반증일 것이다.

뛰어난 전문성과 함께 의뢰인의 니즈에 부합하는 맞춤형 서비스, 합리적인 변호사 보수 등을 내걸고 한국 로펌의 새로운 시대를 열어가고 있는 부티크 로펌 25곳의 성공 스토리를 묶어 탈고한다. 개개의 로펌의 강점은 물론 설립 경위와 파트너들의 면면, 주요 업무사례 등을 상세히 취재해 담았다.

법률서비스를 필요로 하는 기업 등 의뢰인들이 법률문제를 해결할 적절한 로펌을 찾는 데 도움이 되면 좋겠다. 아울러 로펌 설립, 창업을 꿈꾸는 많은 변호사들에게 이 책에 소개된 주인공 변호사들의 도전과 성공이 타산지석(他山之石)처럼 참고가 된다면 더 이상 바람이 없겠다.

코로나19 팬데믹이 끝나가는 시기에 내놓는 이번 책은 필자가 로펌에 관해 쓴 다섯 번째 책이다. 대학에서 법학을 전공하고 언론계에 투신해 법조에 관한 글을 써 온 지 30년이 넘었다. 법무법인 태평양의 설립자이신 김인섭 변호사님께서는 법조기자로 활동하는 필자를 만날 때마다 "이것이 자네 소명이야"라고 자주 말씀하셨는데, 돌이켜보면 리걸 저널리즘이 정말 나의 소임인 것 같다는 생각이 든다.

18년 전 리걸타임즈를 창간할 때 헤이그의 국제형사재판소에 계시면서 "자네가 모처럼 하는 일에 내 이름이 필요하다면 기꺼이 응하겠네"라고 하시면서 리걸타임즈의 고문을 맡아 많은 가르침을 주신 송상현 교수님과 기자 초년병 시절 법조언론을 개척해보라며 격려를 아끼지 않으신 고(故) 최우석 전 삼성경제연구소 부회장님, 두 분 외에도 여러모로 부족한 필자를 이끌어주신 많은 분들께 이 자리를 빌어 깊은 감사를 드린다. 깔끔한 디자인으로 늘 부족함 없는 만족을 선사하는 끄레디자인과 취재와 교열을 도와준 리걸타임즈의 동료들에게도 고마움을 전한다.

2022년 가을
김진원

차례

책을 내면서 4

부티크 로펌

'한국의 윌슨 산시니' 지향하는 법무법인 디라이트 12
블루오션 찾아 나선 '해상 부티크 1호' 법무법인 세경 23
승소율 높은 '조세 부티크' 법무법인 가온 32
한국 대표 '국제중재 플랫폼' 법무법인 피터앤김 39
'기업법무의 라인업' 돋보이는 법무법인 LAB 파트너스 56
'IP 분쟁 해결사' 법무법인 다래 67
노사정 아우르는 '노동 부티크 1호' 법무법인 아이앤에스 76
적하보험 사건에 능한 '보험 부티크' 법률사무소 지현 89
'스타트업 자문 1호' 법무법인 세움 100
공정거래·노동·부동산 이어 송무로 확대 법무법인 이제 107
'Band 1' 해상 부티크 법무법인 선율 114
'국제중재·M&A 전문' 법무법인 KL 파트너스 122
'의료·통증소송 전문' 법무법인 서로 133
'집단소송, 원고대리 전문' 법무법인 한누리 142

'기업법무의 리베로' 법무법인 리앤파트너스 162
'보험법 자문만 30년' 법률사무소 광화 169
'김앤장 맞수' 특허법인 AIP 175
'IT 전문' 법무법인 민후 187
'해상·건설 전문' 법무법인 세창 197
김앤장 출신 주도 'IP 전문 부티크' 법무법인 그루제일 206
'인사노무 전문' 법무법인 인터렉스 217
'벤처·기술기업 자문'에 능한 법무법인 비트 228
'기업법무의 현명한 조언자' 법무법인 기현 233
대형 로펌 출신의 '다국적 연합군' 법무법인 위어드바이즈 239
'소프트한 소통' 강조하는 스타트업 전문 법무법인 별 254

부록
이 책에 소개된 한국의 부티크 로펌 25곳 264

일러두기

1. 변호사 수 등 이 책에 소개된 로펌의 일반 현황에 관한 자료는 직접 취재와 해당 로펌의 홈페이지에 게재된 내용 등을 토대로 구성했으나, 변호사의 추가 영입과 탈퇴, 미처 홈페이지에 반영되지 못한 사정 등으로 실제와 일부 다른 내용이 있을 수 있다.
2. 로펌에서 수행 중인 소송이나 자문 사안의 경우 탈고시를 기준으로 서술했으나, 이후 진행 경과에 따라 내용이 달라질 수 있다는 점을 추가한다.

부티크 로펌

BOUTIQUE
LAW FIRMS

'한국의 윌슨 산시니' 지향하는

법 무 법 인 디 라 이 트

www.dlightlaw.com

2021년 12월 초, 스타트업 전문 오피스 빌딩인 드림플러스 강남에 위치한 법무법인 디라이트(D'LIGHT) 사무실에 유명 증권사의 간부들이 방문했다. 증권사 고객들에 대한 스톡옵션 컨설팅, 공동 M&A 포럼 개최 등 업무협조 방안을 논의하는 자리였는데, 이 증권사 간부는 모건스탠리와 실리콘밸리의 기술 전문 로펌인 윌슨 산시니(Wilson Sonsini)가 손을 잡고 많은 기술벤처기업을 지원해 성공시킨 것처럼 증권사와 로펌의 협업 모델을 만들어보자고 제안해 분위기가 한층 고조되었다.

디라이트의 조원희 대표변호사는 "디라이트를 출범시킬 때 스타트업과 기술벤처에 대한 자문을 1차석인 타깃으로 설정하고 미국의 윌슨 산시니 같은 로펌이 되면 좋겠다고 생각했는데, 클라이언트 회사로부터 그런 말을 직접 듣게되어 너무 반가웠다"고 당시를 회상했다. 이날 만남에서 서로의 뜻을 확인한 이 증권사와 디라이트는 약 4개월 후 내용을 구체화해 업무협약을 맺고 스타트업을 상대로 법인 설립부터 상장에 이르는 모든 과정에서 발생하는 법적 이슈에 대한 컨설팅과 법률자문을 코웍으로 진행하고 있다.

'스타트업 성지' 디캠프에서 시작

이야기는 디라이트가 출범한 5년 전으로 돌아간다. 2017년 4월 법무법인 태평양에서 오랫동안 활동한 조원희 변호사와 변시 1회 출신의 김용혁 변호사 등이 새로운 개념의 법률사무소를 추구하겠다며 서울 선릉로의 '스타트업 성지(聖地)' 디캠프에서 '스타트업 전문'을 표방한 법무법인 디라이트를 출범시켰다. 그해 말 이 신생 로펌은 매출 10억원을 달성하며 '변호사 스타트업'의 성공사례로 화려하게 데뷔했다.

'굿 로이어이면서 굿 네이버 되자'

어소시에이트 변호사를 포함해 변호사 5명이 설립 첫해에 매출 10억원을 달성하는 놀라운 성과가 가능했던 배경이 무엇일까. 조원희 대표는 공익과 전문성 두 가지를 강조했다. 전문성보다도 공익을 먼저 얘기했는데, 그가 말하는, 변호사가 추구해야 할 공익에 대해 들어보면 이유를 짐작할 만했다. 결론부터 이야기하면 굿 네이버(good neighbour)를 지향하는 디라이트의 철학이 고객들로부터 호응을 받으며 연이은 사건 의뢰로 이어지는 발전적인 모습으로 나타나고 있다는 것이다.

"사회에 뭔가 새로운 밸류(value)를 만들어내는 일을 하자, 고객에게 밸류를 안겨주자, 그러한 생각으로 새로운 개념의 법률회사를 추구하고 있어요. 법률 분야에서도 창조적인 가치를 창출해내는 스타트업이 얼마든지 가능한 것 아닌가요".

2000년 사법연수원을 30기로 수료한 조원희 대표는 디라이트 설립 당시 이미 법무법인 태평양에서 17년간 경험을 쌓은 IP, 기업법무 분야에 자주 이름이 나오는 성공한 중견변호사였다. 그런 점에서, 디라이트의 출범엔 '대형 로펌 출신 중견변호사의 독립'이라는 인기 수식어를 붙일 수 있는데, 그는 "디라이트엔 그것을 뛰어

넘는 새로운 가치가 있다"고 거듭 강조했다.

"사람들이, 변호사라는 직업은 분쟁이 있으면 그 사이에 들어가서 원상 회복시켜주는 그 정도로 생각하지 사회에 유용한 새로운 밸류를 만들어내는 직업이라고는 잘 생각을 안 해요. 법률사무소, 병원은 가급적 안 가는 게 좋다는 말도 있잖아요. 하지만 우리 디라이트는 사회에 뭔가 새로운 밸류를 만들어내는 일을 하자고 시작한 겁니다."

조 대표는 "영국 법언(法諺)에 '좋은 변호사는 나쁜 이웃(A good lawyer is a bad neighbour)'이라는 말이 있는데, 우리는 굿 로이어이면서 굿 네이버가 되자는 것"이라고 거듭 강조했다.

그가 디라이트에서 많이 취급하는 업무 중 하나인 블록체인 기술 분야를 예로 들어 설명했다.

"지금은 중소 업종도 시장이 글로벌화 되어 있고, 블록체인 업체나 스타트업들도 해외시장에 진출하는 게 필요한데, 이런 것들

조원희 변호사

은 변호사가 도와주어야 할 수 있는 일들이에요. 대기업들이야 큰 로펌을 통해 해외로 진출하면 되죠. 하지만 스타트업과 같은 작은 기업들은 적절한 비용으로 도움을 받을 수 있는, 능력 있는 변호사들이 있어야 하고, 그런 변호사를 찾는 것도 쉽지 않은데, 저희가 그 역할을 수행하자는 것입니다."

물론 디라이트는 블록체인 분야에서 높은 전문성을 확보하고 있다. 수십 개에 이르는 한국의 스타트업들에게 스위스, 에스토니아, 싱가포르, 몰타, 홍콩, 지브롤터 등에서의 가상자산 발행(ICO)에 관한 법률자문을 제공했으며, 나라별로 해외 ICO 절차에 대한 가이드라인을 만들어 기업들에게 나눠주고, 교육을 제공하는 등 이 분야를 개척한 선발주자 중 한 곳으로 꼽힌다.

조 대표는 "다른 업무분야도 블록체인과 마찬가지로 우리가 스타트업과 함께 들어가서 인더스트리를 만들고, 우리 기업들이 해외에서도 성장할 수 있도록 돕자는 것"이라며 "법무법인 태평양과 같은 큰 로펌에선 이렇게 하기가 어려워 디라이트를 연 것"이라고 거듭 스타트업에 대한 자문을 강조했다.

대형 로펌들과 함께 M&A '톱 10'

설립 첫해 고무적인 매출을 올린 데 이어 M&A 리그테이블에서 꾸준히 10위권에 이름을 올리는 것을 보면 디라이트의 이러한 시도는 매우 성공적인 것으로 보인다. 디라이트는 블룸버그 집계 2021년 한국시장 M&A 리그테이블에서 41건, 2억 9,200만 달러의 거래에 자문하며 거래건수 기준 10위를 마크했다. 대형 로펌들과 함께 순위를 겨뤄 '톱 10'에 든 고무적인 결과다.

SK스퀘어를 대리해 기업결합 신고까지 마치고 2021년 성탄절 직전 딜을 성공적으로 마무리한, SK스퀘어가 900억원을 투자해 4대 가상자산거래소 중 한 곳인 코빗의 지분 35%를 인수한 거래를 비롯해 그리드위즈의 전기차 사업 진출, 럭스로보의 중국 진출 관련 자문과 서울로보틱스, 아트랩스, 오토텍바이오, 에이치로보틱스 등 스타트업의 투자유치 관련 자문이 디라이트의 변호사들이 관여한 대표적인 M&A 사례로 소개된다. 또 금융 플랫폼을 대리해 세계적인 액셀러레이터로부터 투자를 유치하며 싱가포르에 현지 법인을 설립하고 모회사를 싱가포르로 이전하는 플립(Flip) 거래를 성공적으로 수행했으며, 쇼핑몰 솔루션이 80억원의 투자를 유치하는 거래에선, 경쟁관계에 있는 기존 투자자들과의 권리, 의무를 주주간 계약 체결을 통해 원만하게 정리하며 거래를 성사시켰다.

디라이트는 현대차그룹의 스타트업 인수나 두산의 사내벤처 창업에 관련된 자문, CVC(기업체 벤처캐피탈) 관련 자문 등 대기업을 상대로도 활발하게 자문하고 있어 주목된다. 스타트업 투자에 관한 전문성을 인정받으며 디라이트의 자문 대상이 확대되고 있는 것인데, 디라이트에서 M&A 거래를 많이 수행하는 안희철 변호사는 "고객이 빠르게 늘어나는 가운데 모태펀드 출자사업 신청에 관련된 자문, 해외 사모집합투자기구의 국내법상 적법성 관련 자문, 경영참여형 사모집합투자기구의 운용자인 무한책임사원(GP) 등록 자문 등 갈수록 자문 영역이 확대되고 있다"고 고무적으로 이야기했다.

이공계 출신 변호사 상당수

디라이트는 홈페이지의 업무분야 소개에서 ICT/AI, 헬스케어, 블록체인, 핀테크, 콘텐츠/미디어, 모빌리티/물류, 이커머스, 에너지/환경, 농업/F&B 등 산업별 소개를 먼저 안내할 정도로 변호사들의 산업 전문성을 중시하는 것으로 유명하다. 이와 함께 디라이트의 변호사 상당수가 카이스트, 포스텍, 서울대, 연세대 등에서 전자·전기공학이나 물리학, 화학공학, 생명공학·생명과학 등을 전공한 이공계 출신이며, 디라이트에 합류하기 전 사내변호사로 근무한 변호사가 많은 것도 디라이트의 인적 구성에서의 특징 중 하나. 2022년 7월 현재 디라이트를 구성하는 27명의 국내외 변호사 중 사내변호사로 근무한 경력이 있는 변호사가 10명이 넘는다.

디라이트는 블록체인, 핀테크, AI와 빅데이터, 엔터테인먼트 등 최근 주목을 받고 있는 첨단기술 분야에서 어느 로펌에도 밀리지 않는 많은 자문실적을 축적하고 있다. 또 디지털 치료제, 원격의료, 의료데이터 등 바이오·헬스케어 분야의 최신 업체들을 상대로 자문을 확대하고 있다.

말하자면 스타트업 M&A에서 첨단 기술, 바이오까지 폭넓게 자문하는 스타트업 전문, IT 전문 로펌이 디라이트라고 할 수 있는데, 디라이트가 고문을 맡고 있는 시리즈 투자 이후의 파트너 기업이 100곳이 넘는다고 한다.

공유 오피스에 둥지

'스타트업 로펌' 디라이트의 신선한 발상은 사무실의 내부 구조와 인테리어를 통해서도 확인할 수 있다. 필자는 디라이트의 고객, 다른 로펌의 변호사들이 와보고 모두들 놀란다는 드림플러스 강남에 위치한 디라이트의 사무실을 방문한 적이 있는데, 여기에도 실용을 중시하는 디라이트의 일관된 철학이 깔려 있다. 선릉로의 디캠프에서 출발한 디라이트는 변호사가 늘어나며 출범 5개월 만인 2017년 9월 강남대로에 위치한 스타트업 전문 오피스 빌딩인 드림플러스 강남으로 사무실을 옮겼다.

드림플러스는 밖에서도 안이 훤히 들여다보이는 구조의 일종의 공유 오피스로, 조원희 대표는 "드림플러스로 이사하면서 인테리어는 한 게 없고, 책상 등 집기들도 모두 구비되어 있어 컴퓨터만

일반 기업이나 스타트업의 분위기를 물씬 풍기는 법무법인 디라이트의 사무실 내부. 디라이트는 스타트업들이 많이 입주한 '공유 오피스'인 드림플러스 강남에 위치하고 있다.

들고 들어왔다"고 말했다.

　다른 법률사무소와 가장 크게 다른 특징은, 조 대표는 물론 변호사들이 별도의 방을 쓰지 않고 일반 직원들과 함께 한 공간에서 근무한다는 점이다. 디라이트만의 별도의 회의실도 없으며, 그 대신 드림플러스가 입주한 스타트업들에게 층별로 제공하는 여러 개의 회의실을 포인트를 활용해 쓰고 있다. 입주사 중 회의실을 가장 많이 쓰는 회사 중 한 곳이 디라이트라고 한다.

　조 대표는 "스타트업을 비롯한 대부분의 기업에서 대개 이런 방식으로 사무실을 쓰고 있는데, 우리도 그들과 똑같이 하자고 해 변호사 방을 없앴다"고 소개했다. 회의 수준을 넘어 보다 많은 사람을 상대로 교육이나 강연 등을 해야 할 경우엔 지하에 위치한 강당이나 강의실을 이용한다고 했다.

　디라이트의 변호사들은 국제적으로도 전문성을 인정받아 Global Legal Group에서 발간하는 'The Global Legal Insights'의 AI, Machine Learning & Big Data 섹션과 'The International Comparative Legal Guide to'의 Data Protection 섹션, Digital Health 섹션 등에 한국편 공저자로 단골로 기고하고 있다.

　로펌 이름 디라이트(D'LIGHT)는 '누군가의 꿈(Dream)에 빛(Light)을 밝히자, 비춰 주자'는 의미라고 한다.

　디라이트는 2021년 부산과 대전 두 곳에 분사무소를 개설했다. 부산과 대전 등 지방에서 활동하는 스타트업에 대한 자문을 강화하기 위한 것이다.

산업별 전문화 강조하는 디라이트

스타트업 자문을 표방하고 있는 법무법인 디라이트는 특히 변호사들의 산업별 전문화를 강조하고, 이를 통해 성공적인 결과를 도출하고 있는 것으로 잘 알려져 있다. 조원희 대표변호사를 만나 디라이트가 내세우는 산업별 전문화의 구체적인 내용에 대해 들어보았다.

"우리는 먼저 산업별 전문화를 우선적으로 추구한다는 말을 하고 싶습니다. 그러면서 해당 산업, 고객 회사에 필요한 공정거래, 세무, 인사노무 등의 분야별 전문성을 보완해 원스톱 서비스를 지향하는 방식인데, 고객들로부터 높은 호응을 받고 있습니다."

그는 이어 "스타트업 자문은 일종의 종합 자문"이라며, 해결할 문제가 생기면 변호사 1~2명이 곧바로 달라붙어 풀어야지 대형 로펌처럼 공정거래, 코퍼릿, 택스(tax) 이런 식으로 변호사 6~7명이 들어가 해결할 사안이 아니라고 역설했다. 예컨대 바이오를 전문적으로 취급하는 변호사라면 바이오기업에 특화된 기술 이슈라든지, 규제, 택스 이슈 등 이런 것들을 혼자서 충분히 커버할 수 있다는 게 그의 지론이다. 왜냐하면 그 산업에 특화된 이슈이기 때문이라는 것이다.

한마디로 산업, 해당 기업을 우선하고, 구체적으로 택스나 공정거래, IP 등 보완이 필요한 부분이 있으면 추가적으로 그 분야의 전문성을 갖추면 된다는 얘기인데, 조원희 대표는 자신의 경험에 비추어 충분히 가능한 일이고, 그런 방식이 옳다고 거듭 힘주어 말했다.

"법무법인 태평양에 있을 때 IP 업무만 한 게 아니라, 코퍼릿 사이드에서 M&A 등 오버랩 되는 일을 많이 했어요. 왜냐하면 변호사가 한 분야만 알아서는 제대로 된 서비스가 어렵

거든요. 그런데 이때의 경험이 디라이트로 독립해 스타트업 등에 자문하는 데 엄청나게 도움이 되는 거예요. 태평양 시절 좀 더 브로드하게 프랙티스를 했던 경험이 중소 로펌으로 독립해 큰 힘이 되는 거죠. 스타트업 고객들로부터, 변호사님은 이렇게 다양한 분야의 이슈들을 어떻게 다 대처할 수 있느냐는 얘기를 자주 듣는데, 제 생각엔 변호사가 관심을 가지고 공부하면 똑같은 분야를 굳이 10년, 20년 안 해도 된다고 봐요. 시간 있을 때 다른 분야도 공부해 자신의 또 다른 전문 분야로 갖고 있으면 되는 거니까요."

　디라이트는 설립 6년차인 2022년 1월 황혜진, 김동환, 지현진, 안희철 변호사 4명을 파트너로 승진 발령하고 대내외에 공지했다. 이들 4명은 영입 파트너가 아니라 어소시에이트로 입사해 파트너가 된 첫 주인공들로, 디라이트에 처음으로 자생적인 파트너가 탄생한 것이다. 조원희 대표는 페이스북 포스팅에서 "법인이 한 단계 도약하는 시점은 제가 직접 채용한 후배들이 파트너가 되는 때라고 생각했었는데, 힘든 기간을 잘 넘기고 열심히 노력해서 멋지게 성장해 준 후배들이 자랑스럽다"고 기뻐했다.

블루오션 찾아 나선
'해상 부티크 1호'

법무법인 세경

法務法人 世慶

www.choikim.com

3면이 바다로 둘러싸인 우리나라는 예로부터 해상활동이 활발했나. 지금도 조선업은 세계 1위, 해운업은 세계 6, 7위를 다투는 해양 강국이다. 화물을 실어 나르는 선사(船社)와 배를 만드는 조선소, 수많은 화주(貨主)와 보험사들 사이에 바다와 관련된 분쟁이 수없이 일어나고 있다. 법률회사의 도움이 필요할 때 어느 법률회사를 찾아야 할까.

1997년 1월 설립된 법무법인 세경의 이름이 자주 나온다. 외국의 법률잡지에도 세경이 해상(Shipping) 분야에서 한국 내 최고의 경쟁력을 가진 로펌 중 한 곳으로 소개된다.

세경은 특히 전체 변호사 6명이 모두 해상 관련 사건에 특화하고 있는 이른바 해상 부티크라는 점에서 더욱 관심을 끌고 있다. 해상 전문 로펌 세경이 이 분야에 관한 한 김앤장 등과 함께 국내 최정상의 위상을 구축하고 있다고 하면 틀린 말이 아니다.

왼쪽부터(이하 같음)
최종현 변호사
김창준 변호사

해상 분야 개척한 1세대 변호사

세경의 높은 경쟁력은 설립자인 최종현, 김창준 두 변호사의 탁월한 전문성에서 출발한다. 최, 김 두 변호사는 1984년 변호사 업무를 시작, 30년 넘게 해상 한 분야만 파고 있는 해상 전문 변호사로, 이 분야를 개척한 사실상 1세대 변호사로 분류된다.

더욱 주목할 것은 최, 김 두 변호사가 세경을 설립하기 전 대형 로펌의 해상 파트에서 오랫동안 경험을 쌓은 준비된 경력의 소유자였다는 사실이다. 최 변호사는 김앤장에서, 김 변호사는 법무법인 광장에서 각각 13년간 해상 사건을 처리하며, 이미 관련 업계에서 상당한 명성을 얻고 있었다. 전통적으로 해상 분야가 강한 메이저 로펌인 김앤장과 광장에선 두 사람이 독립한다고 하자 매우 아쉬워했다는 얘기가 전해지고 있다.

말하자면 대학병원, 종합병원에서 이름을 떨치며 활약하던 전문의(專門醫) 두 사람이 함께 전문클리닉을 내고 독립한 셈이라고

신진호 변호사
박성원 변호사

할 수 있는데, 두 사람의 시도는 기존의 대형 로펌과 선두를 다투는 대단한 성공으로 이어지고 있다. 최종현 변호사는 "대형 로펌에 근무해 본 경험이 있어 고객들이 무엇을 원하는지 잘 알고 있다. 그런 노하우 등이 세경의 발전에 큰 도움이 되었다"고 말했다.

우선 최, 김 두 변호사가 손수 법률서비스를 챙기며 고객의 주문에 발빠르게 응대해 온 점이 세경의 장점으로 얘기된다. 최, 김 두 변호사는 요즈음도 법정에 나가며, 중요 사건을 손수 지휘하고 있다.

여기에다 상대적으로 합리적인 수준의 변호사 보수가 부티크 펌인 세경이 고객들에게 어필하고 있는 또 다른 이점일 것이다. 세경의 한 관계자는 이와 관련, "고객의 입장에서 볼 때 아무래도 조직이 방대한 대형 로펌보다는 부티크가 변호사 보수의 책정에 있어서 유리하지 않겠느냐"고 말했다. 그러나 합리적인 보수를 꼭 염가(廉價) 서비스로 이해하면 곤란하다. 오히려 고객의 약 80%가 외국계인 세경은 그동안 고객 기반이 꾸준히 확대되며 부가가치가 높은 방향으로 법률서비스의 비중을 늘려 왔다.

국제유류오염보상기금 단골 대리

세경은 UK, 스탠더드, 스팀십, 스컬드 등 외국의 유명한 선주상호책임보험(P&I) 클럽들을 오래전부터 대리하고 있으며, 유엔 산하의 국제유류오염보상기금(IOPC)도 국내에선 세경에 단골로 사건을 맡기고 있다.

세경은 2007년 12월 충남 태안에서 발생한 허베이 스피리트호 유류오염사고에서 IOPC를 대리했으며, 이에 앞서 1995년 7월 태풍 페이호의 영향으로 전남 여수 소리도 앞바다에서 좌초된 씨프린스호 유류오염사고에서도 IOPC를 대리했다. 또 한진해운, 현대상선, STX팬오션, SK해운 등 국내 대형 선사들도 세경에 사건을 맡기는 주요 고객사로 소개된다.

세경의 고속성장과 관련, 하나 더 지적해야 할 것은 해상 분야가, 부티크가 수행하기 적절한, 소수 정예의 변호사로 전문화를 추구할 수 있는 업무분야라는 점이다. 반면 대형 로펌에선 많은 변호사를 투입해 부가가치를 높이고, 분야를 확대하기에는 적절치 않은 분아로 얘기되고 있다.

해상 쪽에서 활동하는 한 변호사는 "선사와 P&I 클럽 등을 중심으로 업계가 형성된 해상 분야의 경우 P&I 클럽 등에서 변호사 요율을 관행적으로 일정하게 정해 적용하고 있어 높은 보수를 청구하는 게 여의치 않은 점도 대형 로펌 등에서 규모를 확대하는 데 제한요소로 작용하고 있다"고 지적했다.

실제로 김앤장, 광장 등 국내 대형 로펌들도 해상팀의 규모는 그리 크지 않은 것으로 알려져 있다. 또 상당한 규모의 해상 전문 로펌들이 발달한 영국에선 클리포드 챈스, 링크레이터스, 알렌앤오베리 등 이른바 런던의 매직써클(magic circle) 펌에선 해상팀을 아예 두고 있지 않다고 한다. 최종현 변호사는 "해상팀만 비교하면 세경의 변호사 수가 국내 대형 로펌보다도 오히려 많을 것"이라며, "전문변호사의 수에 있어서도 세경은 국내 최대 규모"라고 강조했다.

세경은 2022년 현재 국내외 변호사 6명의 진용을 갖추고 있다.

세경은 여수유류오염사고로 더 유명한 우이산호의 선주와 보험회사를 대리하여 손해배상 문제를 처리하고, 노르웨이 회사인 진후이쉬핑을 대리해 진후이가 대한조선을 상대로 영국에서 받은 5,000만 달러에 달하는 판결의 국내 집행판결 확보절차를 진행, 대한조선의 회생절차 진행 중 채권액 전액을 인정받아 합의 종결했다.

헤나호 제주항 압류 풀어

또 2013년 9월 중국의 관광객 1,600여명을 태우고 제주에 입항했다가 채권자라고 주장하는 회사에 의해 제주항에서 압류되어 승무원 포함 총 2,500여명의 발이 묶였던 국제 크루즈선 헤나호 사건이 언론에도 소개된 세경이 자문한 사건으로, 헤나호를 운항하는 중국의 HNA크루즈 선사는 세경을 통해 30억원을 해방공탁, 헤나호의 압류를 풀었다. 세경은 해방공탁금의 회수 및 가압류 결정이 위법하다는 취지의 제3자 이의의 소를 제기해 1심에서 이긴 데 이어 2심에서도 승소 판결을 받았다.

최근 수행한 사건 중에선 미국 선적의 참치잡이 어선 MAJESTIC BLUE호가 2010년 괌 인근 해상에서 침몰한 사고와 관련하여 사고 당시 실종된 기관장의 유가족들(페루 국적)이 선주를 상대로 대한상사중재원에 제기한 손해배상청구 국제중재(청구금액 미화 670만 달러)에서 청구인을 대리하는 미국의 로펌과 준거법 등 여러 복잡한 쟁점에 관하여 치열한 법리공방을 펼친 끝에 성공적으로 선주의 이익을 보호한 사건이 먼저 소개된다. 2019년 8월엔 콜롬비아에서 선적한 석탄을 한국에서 하역하기 위하여 대기하던 선박의 닻줄 보관창고에서 코카인 100kg이 발견된 사건과 관련해, 선주와 P&I Club을 대리하여 수사과정에서 선원들의 권리를 보호함과 동시에 선박의 억류를 최대한 신속하게 풀어냈다.

침몰선 인양 명령 무효판결 받아

또 국내 대형 조선사가 러시아의 우크라이나 침공에 따른 제재의 영향을 받아 러시아 선주로부터 발주받은 여러 척의 LNG 운반선 건조계약을 해지한 것과 관련, 러시아 선주에게 자문했으며, 배타적 경제수역에서 침몰한 Eastern Amber호에 대해 부산지방해양수산청이 내린 침몰선 인양명령에 대해 선주와 P&I 보험자를 대리하여 2022년 4월 부산고등법원에서 무효판결을 받아낸 것도 세경이 수행한 의미 있는 사례로 남아 있다. 해저 120m에 침몰한 배의 인양이 기술적으로 가능한지 여부를 떠나 배의 인양을 시도하는 데만 1,000억원 이상이 소요될 것으로 예상되는 상황에서, 침몰선 인양명령이 무효라는 최초의 판단을 받아낸 것이다.

세경은 2019년 초 순서대로 2002년과 2008년에 세경에 입사한 박성원(사법연수원 28기), 신진호(사법연수원 34기) 두 파트너를 공동대표로 추가 선임, 창립대표인 최종현, 김창준 대표와 함께 4인 공동대표체제를 출범시켰다. 박, 신 두 변호사의 대표 선임은 창업세대와 신진세대가 같이 세경을 운영하며 더 큰 발전을 이끈다는 비전과 함께 세대교체 전초작업으로서의 의미가 포함된 포석으로 관련 업계에서 높은 주목을 받았다.

서울대 법대를 졸업하고 해상법이 발달한 영국의 King's College London에서 LLM 학위를 받은 박성원 변호사는 2014년에 출판된 The Shipping Law Review에 동료변호사와 함께 한국의 해상법령과 해운업계의 동향을 소개하는 한국편을 기고하였으며, 2017년부터 2019년까지 3년간 매년 The Insurance and Reinsurance Law Review에 동료변호사와 함께 한국의 보험법령과 보험업계의 동향을 소개하는 한국편을 맡아 기고했다. 박 변호사가 2019년에 쓴 논문, "허베이 스피리트호 유류오염사고 처리상 법적 쟁점"은 그해 한국해법학회의 우수논문상으로 선정되었다.

같은 서울대 법대 출신의 신진호 변호사는 영국의 Swansea University에서 LLM 과정을 마쳤다.

세경 외에 다른 로펌에서 해상변호사로 활동하는 변호사 중에도 세경 출신이 여러 명 있을 정도로 세경은 수많은 해상변호사를 배출한 해상변호사의 산실로 잘 알려져 있다.

세경은 Global Law Experts에서 진행한 2021 Global Law Experts Annual Awards에서 '대한민국 올해의 해상로펌(MARITIME LAW FIRM OF THE YEAR IN KOREA)'으로 선정됐다.

부티크로 출발한 지 26년째를 맞은 세경의 변호사들에게 바다는 여전히 '블루오션(blue ocean)'이다.

'해상 부티크' 성공시킨 대학 동기의 40년 우정

법무법인 세경을 소개하면서 빼놓을 수 없는 것은 최종현, 김창준 두 변호사의 오랜 우정이다. 두 사람은 서울고, 서울대 법대를 함께 다닌 동기 사이로, 우정이 동업의 성공으로 발전한 경우라고 할 수 있다.

1979년 제21회 사법시험에 나란히 합격한 두 사람은 사법연수원을 함께 다녔다. 법무관 근무도 공군에서 함께 했다. 전역 후 두 사람 모두 판, 검사 대신 로펌을 선택, 기업변호사가 된 것까지 똑같다.

최 변호사는 김앤장 법률사무소에서, 김 변호사는 법무법인 광장에서 변호사 생활을 시작했다. 공교롭게 두 사람이 똑같이 해상 분야를 전문분야로 선택, 서로 상대방을 대리해 법정에서 마주치는 일도 많았다. 그러나 김앤장과 광장을 나와 97년 1월 함께 세경을 설립하면서 한솥밥을 먹는 사이가 되었다.

성격은 매우 대조적인 편이다. 최 변호사가 논리적이고, 꼼꼼하면서도 포용력을 갖춘 덕장 스타일이라면, 김 변호사는 날카로움과 함께 실력과 결단력을 갖춘 맹장이다. 세경 사람들은 최, 김 두 변호사의 이런 조화가 세경의 발전에 큰 도움이 됐다고 평가한다.

최 변호사는 미시간 로스쿨 법학석사(LLM)를 거쳐 서울대 법대에서 박사학위를 받았다. 해상 분야가 발달한 영국의 'Holman Fenwick & Willan'에서 근무한 경력도 있다.

김 변호사는 또 경희대 법대에서 박사학위를 받았으며, 역시 영국 로펌 'Sinclair Roche & Temperley'에서 경험을 쌓았다. 최 변호사가 연세대 법대 교수로 활동하며 잠시 떠나 있었던 기간을 빼곤 두 사람이 줄곧 지혜를 모아 세경의 발전을 이끌고 있다.

승소율 높은 '조세 부티크'

법무법인 가온

법무법인 가 온 佳 昷

www.gaonlaw.com

한국 유일의 '조세 전문' 로펌, '조세 부티크'가 법무법인 가온에 대한 설명이다. 2005년 조세 분야가 강한 법무법인 율촌에서 변호사 생활을 시작한 강남규 변호사가 2017년 설립해 대형 로펌 못지않은 전문성으로 비약적인 발전을 이어가고 있다.

서울행정법원에 제기되는 1심 조세소송 사건의 2019년 1년 통계 분석 결과, 가온은 건수 기준으로 조세소송 수행 '톱 10'에 드는 높은 경쟁력을 입증했다. 가온은 승소율에 있어서도 다른 어느 로펌에도 밀리지 않는 위상을 확보하고 있다.

무엇보다도 구체적인 업무사례에서 조세 전문 가온의 실력을 확인할 수 있다.

흑자법인 증여사건, 벤처왕 사건 승소

흑자법인 완전포괄주의 증여세의 한계에 관한 리딩 케이스를 맡아 2015년 10월 흑자법인에 대한 증여시 주주들에게 증여세를 과세할 수 없다는 대법원 판결이 가온의 변호사들이 활약한 대표적인 사례로 소개된다. 반대로 '벤처왕 사건'이라 불리는 역외탈세 사건에선 1, 2심에서 패소한 과세관청을 대리해 대법원에서 하급심을 뒤집고 최종적으로 승소 판결을 이끌어냈다. 또 이랜드를 대리하여 까르푸 매각 과정에서 이루어진 홈플러스와의 거래에 관한 부당행위계산부인 과세사건(계쟁세액 약 280억원)을 조세심판원 단계에서 맡아 심판관 전원일치로 납세자 청구인용 결정을 받아내고, 보세창고의 거래방식이 문제된 사안에서 1, 2심 모두 승소해 납세자가 신고한 제1방법을 인정해야 한다는 선례를 정립하는 데 기여했다. 과점주주 취득세에 있어 특수관계인의 범위가 문제되어 1, 2심에서 원고 패소 판결을 받은 G화장품 사건은 상고심에서 관련 조문의 면밀한 해석을 통해 파기환송 판결을 받아낸 후 처분청이 재상고를 포기해 승소 확정지었다.

이외에도 가족간의 불화로 집을 떠난 둘째 딸에게 이루어진 제2차 납세의무자 지정처분이 납세자에게 송달되지 않았다는 이유로 무효 확인을 받아 그대로 확정된 사건, 조세심판원에서 수정수입세금계산서 발급 거부처분을 다투어 관련 가산세를 모두 취소받은 Y실업 사건 등 가온의 업무파일을 열어 보면 수많은 승소 사례를 확인할 수 있다.

가온은 2021년 7월 국내 굴지의 대형 증권사들이 해외 대형 증권사들과 거래한 파생상품에 대하여 배당소득 원천세가 과세되어 세간의 화제를 모았던 TRS 사건에 대한 불복 사건을 수임, 또 한

강남규 변호사
강우준 변호사

번 주목을 받았다. 금융투자협회에서 경쟁입찰 방식으로 이루어진 선임 절차에서 대형 법무법인과 PT를 통해 경쟁한 끝에 표결로 선택을 받아 현재 한영회계법인과 공동으로 사건을 진행하고 있다.

가온의 강남규 변호사팀에선 다양한 세목에서의 승소와 함께 과세전적부심, 납세고지 이후의 이의신청이나 조세심판원 심판청구 등 사전구제절차를 통해 신속하게 조세 리스크를 해소해 의뢰인들로부터 각광을 받고 있으며, 세무조사 대응, 세금을 절약하는 거래구조의 선택 등 사전점검, 예규질의 등 전 방위로 자문을 제공하고 있다. 사전점검 서비스란 세무상의 리스크를 사전에 걸러내고 방법이 있다면 합법적으로 세금을 줄이는 방안을 모색하는 일종의 조세부과 프로세스의 시뮬레이션을 말한다.

중국계 U역외펀드가 국내 엔터테인먼트 회사 지분에 투자한 후 엑시트(exit)한 거래에 대해 외국계 펀드의 고정사업장이 국내에 소재한다는 이유로 이루어진 세무조사에서, 가온은 해당 주식양도

이소림 변호사
김규혁 변호사

소득이 국내 고정사업장에 귀속되지 않음을 입증하여 과세를 최소화하는데 성공했다. 이와 함께 서울지방국세청 조사4국에서 진행한 상장사 H건설, S건설의 세무조사에 성공적으로 자문하고, 바이오 의료기기업체 세무조사, 출판업체 범칙조사 등에 참여하여 과세관청과 납세자 사이의 입장 차이를 법리적으로 정리하는 데 도움을 주는 등 세무조사 대응에서 높은 전문성을 발휘하고 있다.

가온은 2022년 들어 1세대 조세변호사이자 법무법인 율촌의 조세그룹을 이끌었던 소순무 변호사와 서울대에서 조세법 석사학위를 받고 서울고법 판사, 서울행정법원 부장판사, 헌법재판소 수석헌법연구관을 역임한 신동승 변호사가 합류하는 등 진용이 한층 강화되었다.

이에 앞서 2020년엔 OECD 대표부 주재관과 서울지방국세청 국제거래조사국장 경력의 김명준 전 서울지방국세청장이 합류, 안팎의 뜨거운 주목을 받았다.

상속·승계·후견 원스톱 서비스도

가온은 얼마 전 '가온 패밀리 오피스 센터'를 개설했다. 조세 분야의 전문성을 살려 상속, 증여, 신탁, 가업승계, 후견 등에 관한 원스톱 서비스를 표방한 것으로, 2010년 금융권 최초로 유언대용신탁을 상품화하여 신탁 대중화의 물꼬를 튼 배정식 전 하나은행 '리빙트러스트 센터장'이 센터장을 맡았다.

강남규 변호사는 패밀리 오피스 센터 개설과 관련, "법무법인 가온이 그간 축적해 온 조세 및 승계, 상속분쟁에 관한 다양한 경험과 노하우를 신탁과 후견 등 장기적이고 개인적인 자산관리 영역에 결합함으로써, 지금껏 경험하지 못한 치밀하고 탄탄한 상속과 승계 플랜을 제공할 수 있게 되었다"고 강조했다.

김재열 ISU 회장 당선 기여

강 변호사가 이끄는 조세팀 외에 가온의 주요 업무분야로는 공동창업자인 김규혁 변호사가 이끄는 기업자문팀, 김앤장 출신의 강우준 변호사가 이끄는 공정거래와 스포츠·엔터테인먼트팀을 꼽을 수 있다.

스포츠·엔터테인먼트팀에선 대한빙상경기연맹 회장 출신의 김재열 국제빙상경기연맹(ISU) 집행위원 겸 삼성글로벌리서치 사장이 2022년 6월 푸켓에서 열린 2022 ISU 총회에서 ISU 회장에 당선될 때 법률고문을 맡아 보좌하며 힘을 보태기도 했다.

강우준 변호사는 유명 스포츠 에이전시인 MVP스포츠 대표를 겸하고 있으며, 대한체육회 규정심사관으로도 활동하고 있다. 얼마 전 CJ E&M의 1호 사내변호사이자 CJ 그룹에서 10년간 엔터테인먼트 관련 법무와 비즈니스를 수행한, 영화 제작과 투자 분야의 전문가인 이소림 변호사가 파트너로 합류, 스포츠·엔터테인먼트팀의 인적 구성이 한층 고도화되었다.

기재부 사무관 특채 포기하고 조세 변호사만 17년

강남규 변호사는 조세 자문만 17년이 넘는 대표적인 조세 변호사 중 한 명으로, 2005년 기획재정부 특별사무관 채용이 예정되어 있었으나 조세 분야가 강한 법무법인 율촌에서 변호사 생활을 시작, 6년간 경험을 쌓은 후 조세 부티크 가온을 설립한 주인공이다. 서울대 법대, 같은 대학원 법학석사에 이어 미국의 Northwestern Kellogg LLM 과정을 우등졸업했으며, 미 CFA(공인재무분석사) 자격도 보유하고 있다.

강 변호사는 워싱턴 DC에 있는 유명한 조세 로펌인 Caplin & Drysdale 근무 시절 한국의 해외금융계좌 신고제도의 모태가 된 미 FBAR 사건 전담팀에서 업무를 익혀 해외금융계좌 미신고에 대한 과태료 사건에 밝고, 스포츠 스타 등의 국제세무 문제에서도 발군의 실력을 발휘하고 있다.

강 변호사는 한미조세조약상 이중거주자와 관련하여 최초로 비거주자 인정을 받은 쟁점 세액 85억원짜리 사건에서, 거주자 인정 여부가 문제될 것이라는 점을 미리 예상하고, 사전질의를 통해 국세청으로부터 비거주자라는 답변을 받아놓았다. 그러나 과세당국에서 세무조사를 거쳐 거주자라며 과세하려 하자 과세전적부심사 청구를 통해 다시 비거주자 판정을 받고 85억원 전액에 대해 과세가 안 되게 했다.

이번엔 일본에 있는 증권계좌에 자동으로 주식이 입고된 사실을 몰라 미처 신고하지 못하는 바람에 170억원의 과태료가 부과된 사건. 강 변호사는 이의신청을 내 수원지법에서 진행된 사건에서 4년간의 다툼 끝에 단 한 푼의 과태료도 물 필요가 없다는 전부 승소 결정을 받아냈다. 강 변호사는 "과태료도 해외금융계좌를 미신고한 데 대해 고의 또는 과실이 있어야 부과할 수 있는 것"이라고 말했다.

한국 대표
'국제중재 플랫폼'

법무법인 피터앤김

www.peterandkim.com

"한국의 유능한 변호사들이 마음껏 활동할 수 있는 국제중재의 인터내셔널 플랫폼을 만들어보자는 게 저희들의 생각입니다."

코로나19가 아직 본격 확산되기 전인 2020년 1월 9일. 서울 삼성동의 트레이드타워에서 열린 개업소연에서 김갑유 대표변호사는 법무법인 피터앤김이 지향하는 방향을 이렇게 소개했다.

그로부터 약 1년이 흐른 2020년 11월 6일 저녁. 법인 설립 1년을 맞아 진행한 창립 1주년 행사에서 김갑유 대표는 "피터앤김의 창립 첫 해는 놀라운 일들의 연속이었다"며 짧은 시간에 거둔 '국제중재·국제소송' 전문 로펌으로서의 커다란 성공에 놀라움과 함께 감사의 마음을 전했다.

한국을 대표하는 국제중재 전문가인 김갑유 변호사가 이끄는 피터앤김은 2019년 말 한국에서 설립된 국제중재 부티크로, 순서로 따지면 2015년에 문을 연 법무법인 KL파트너스에 이은 두 번째 국제중재 로펌, 후발주자라고 할 수 있다. 그러나 설립 후 2년이 더 흐른 피터앤김은 가장 성공한 부티크 중 하나로 한국 로펌 업계에서 뜨거운 주목을 받고 있으며, 국제적으로도 매우 높은 평가를 받고 있다.

무엇보다도 피터앤김이 설립 이후 거둔 구체적인 성과에서 피터앤김이 국제중재 시장에서 차지하는 높은 위상과 경쟁력을 확인할 수 있다.

피터앤김은 2020년 코로나19 와중에 불거진 한국 기업이 관련된 가장 큰 국제분쟁이었다고 할 수 있는 미래에셋자산운용 대 중국 다자보험(전 안방보험)의 미 델라웨어 법원 소송에서 미래에셋 대리인으로 선정되어 완승을 거둔 빅 케이스의 주인공이다. 2020년 4월 27일 다자보험이 미 델라웨어 법원에 미래에셋자산운용을 상대로 미국내 고급호텔 15곳에 대한 매매계약을 계약대로 이행하라고 청구했다. 미래에셋이 질 경우 미래에셋이 추가로 지급해야 할 매매대금 잔금이 6조 3,000억원인 분쟁금액 7조원의 대형 소송이었다.

미래에셋 7조원 소송 완승

소가 제기된 지 열흘쯤 시난 2020년 5월 초 피터앤김은 국제소송을 취급하는 대형 로펌들을 제치고 퀸 엠마누엘(Quinn Emanuel)과 함께 미래에셋의 소송대리인으로 선정되어 뜨거운 스포트라이트를 받았다. 김갑유 대표는 5월 1일 근로자의 날부터 시작된 징검다리 연휴로 집에서 휴식을 취하고 있던 중 미래에셋 측

김갑유 변호사

으로부터 연락을 받고 사무실에 나와 수임계약을 체결, 사건을 맡았다고 말했다. 당시 최고경영진이 임원들과 함께 피터앤김 사무실을 찾아 직접 사건을 의뢰했는데 그만큼 피터앤김에 대한 높은 평가를 짐작할 수 있는 대목이다.

상대방 대리인은 미국 로펌 깁슨 던(Gibson Dunn & Crutcher). 뉴욕주 변호사 자격도 보유하고 있는 김갑유 변호사는 피터앤김의 동료 변호사들과 함께 변론전략을 수립하고, 7,000억원의 계약금 반환을 요구하는 반소 제기 등 다자보험의 소 제기에 대한 즉각적인 대응에 나섰다. 유리한 증거와 그때까지 드러나지 않은 사실관계의 확보에 공을 들인 데포지션(deposition)과 e디스커버리 절차에 이어 2020년 8월 하순 미 동부시간을 기준으로 델라웨어 법원의 Laster 판사가 화상재판으로 진행한 5일간의 변론절차에도 서울의 피터앤김 화상회의실에서 낮과 밤을 바꿔가며 직접 참여했다.

2020년 11월 30일 선고된 1심 소송 결과는 미래에셋의 완승. 특히 다자보험이 처음 소송을 제기했을 때만 해도 코로나19 팬데믹으로 호텔 등의 영업이 어려워지면서 계약 이행이 어려움에 빠진 것 아니냐는 관측이 제기되었으나, 김갑유 변호사 팀에서 매매 목적물인 호텔들에 소유권을 다투는 수십 개의 소송이 무더기로 제기된 사실과 다자 측이 이러한 소유권 피소 사실을 숨긴 점을 집중적으로 문제 삼아 승기를 잡은, 초기 관측을 100% 뒤집은 결과여서 전 세계적으로 한층 주목을 받은 사건이 되었다.

델라웨어 법원은 다자보험에게 매매계약 해제에 따른 약 7,000억원의 계약금을 미래에셋에 반환하고, 여기에 더해 변호사비용을 포함한 소송비용 3,350만 달러(한화 약 376억원)와 매매계약 체결 과정에서 자문한 로펌에 대한 자문료 360만 달러(약 40억원)도 미래에셋 측에 지급하라고 판결했다. 계약을 체결하는 과정에도 다자 측에 잘못이 있었다는 판단을 내린 셈이다.

미래에셋 소송은 이후 다자보험이 항소해 항소심이 열리고, 다자 측에서 1심 소송대리인이었던 깁슨 던 외에 M&A 분야의 전문성으로 이름이 높은 왁텔 립튼(Wachtell Lipton)을 추가 투입했지만, 델라웨어 주 대법원(The Delaware Supreme Court)이 2021년 12월 8일 다자 측의 항소를 기각하고, 매수인의 계약 해지와 변호사비용 등의 지급을 명한 1심 판결을 그대로 확정, 코로나 이후 한국 기업이 제소 당한 최대 규모의 분쟁을 100% 이상의 승소로 마무리지었다.

'에잇씨티' ICC 중재도 승소

델라웨어 법원에서의 1심 승소 후 약 8개월이 지난 2021년 7월 인천경제자유구역청의 용유무의 문화관광레저 복합도시 조성 사업인 '에잇씨티' 기본협약 해지에 관련된 ICC 국제중재에서 법무법인 태평양과 함께 인천경제자유구역청을 대리한 피터앤김은 상대방인 (주)에잇씨티가 제기한 276억원의 손해배상청구를 모두 기각하는 승소 판정을 받았다. 2년 6개월에 걸친 법적 공방에 종지부를 찍은 것으로, 중재재판부는 이 사건에서도 에잇씨티로 하여금 인천경제자유구역청에 변호사비용 등 중재비용까지 지급하라고 판정했다.

피터앤김은 2022년 상반기에도 미국과 한국의 대형 바이오테크놀로지 회사가 맞붙은 청구금액 1조 2,000억여원의 ICC 중재에서 중재절차를 모두 진행하고 판정문이 나오기 전 양측의 원만한 합의로 분쟁을 종결했으며, 미 디지털 무역금융 회사와 인도 제조업체 간 매출채권 금융계약 관련 AAA 중재에서도 승소했다.

피터앤김은 분쟁규모가 약 1조원인 국내 유통업체의 주주간 국제중재, 경제적 파급효과가 2조원이 넘는 국내 기간산업 업체와 해외 공급사간 장기계약에서 발생한 공급가격에 관한 국제중재 사건 등을 맡아 수행하였으며, 2022년 2월엔 지난해 9월 신창재 교보생명 회장에게 풋옵션 이행 의무를 인정하면서도 신 회장이 신청인 측이 제시한 풋가격으로는 풋주식을 살 필요가 없다는 판

방준필 외국변호사
조아라 변호사

정을 받아 절반의 승리에 그친 어피니티 컨소시엄과 신 회장과의 분쟁금액 2조원대의 ICC 2차 중재에서 어피니티 측 대리인으로 선임되었다. '어피니티 vs 신창재 회장' 2차 중재 건은 1차 중재에선 한국 굴지의 다른 로펌이 어피니티 측을 대리했으나 2차 중재에선 피터앤김에 사건을 의뢰한 것으로, 이 경우만 보더라도 피터앤김이 한국 국제중재시장에서 어떠한 평가를 받고 있는지 짐작하기 어렵지 않다.

피터앤김은 김갑유 변호사가 법무법인 태평양 시절부터 수행해 오던 론스타가 한국 정부를 상대로 낸 투자자중재(ISDS)에서 태평양과 함께 한국 정부를 대리하고, 송도 국제도시 개발과 관련해 빚어진 게일 인베스트먼트와 포스코건설과의 수조원대 국제분쟁에서도 태평양과 함께 포스코건설을 맡아 방어하고 있다. 김갑유 변호사가 피터앤김을 설립해 태평양에서 독립했지만 기존의 클라이언트들이 종전대로 진행해 달라고 요청해 공동대리하고 있는 것

신연수 변호사
이승민 변호사

으로, 그만큼 의뢰인들이 김 변호사의 뛰어난 전문성을 인정하기에 가능한 얘기다.

설립 당시 김갑유 대표를 포함해 모두 5명의 국제중재 변호사로 출범한 피터앤김은 2년 반이 지난 2022년 8월 현재 서울사무소와 싱가포르 사무소를 합쳐 모두 25명의 국내외 변호사가 상주하고 있다. 전문가 수가 약 5배로 커진 것으로, 맡아 수행하는 사건 수나 분쟁금액도 이에 못지않게 빠른 속도로 증가하고 있다.

인사혁신처가 2021년 12월 31일 2020년 매출을 기준으로 발표한, 퇴직공직자가 취업을 하려고 할 때 공직자윤리위원회의 심사를 받아야 하는 '2022년 취업심사대상 로펌'에 피터앤김도 한국로펌 44곳 중 한 곳으로 이름을 올렸다. 설립 첫 해인 2020년 매출이 100억원 이상이었다는 얘기로, 피터앤김의 2021년, 2022년 매출도 상당할 것으로 관측되고 있다.

피터앤김의 업무파일을 들춰보면, 대한민국이 제3자로 참여한

한민오 변호사
윤석준 변호사

WTO 분쟁에서의 한국 정부 대리, 오만 기업과 교량 건축 건설회사간 주주간 국제중재(분쟁 규모 약 4,700억원), 싱가포르 투자자가 중국 정부를 상대로 제기한 부동산 투자 관련 투자자중재(ISDS), 태국 보험회사 인수에 관련된 SIAC 중재에서의 투자자 대리, 한국의 암호화폐거래소를 대리하여 홍콩에 있는 외국계 주주를 상대로 진행하는 국제중재 등 매우 다양한 유형의 국제분쟁 사건이 이어지고 있다.

'GAR 30' 아시아 유일 로펌

2020년 1월 출범하며 곧바로 세계 100대 국제중재 전문 로펌을 의미하는 'GAR 100'에 선정된 피터앤김은 1년 만인 2021년 국제중재 로펌들 사이에 '명예의 전당'으로 불리는 'GAR 30' 즉, 세계 30대 국제중재 로펌에 진입한 데 이어 2022년 평가에선 지난해 26위에서 10단계 상승하며 16위를 차지했다. 특히 GAR(Global Arbitration Review)은 2021년 'GAR 30' 명단을 발표하며 피터앤김에 대해, "21위부터 40위 로펌 중 분쟁금액 합계(미화 623억 달러·우리돈 약 70조원)가 가장 높은 로펌"이라며 "앞으로 지속적으로 'GAR 30'에 선정될 잠재력을 가지고 있다"는 고무적인 설명을 덧붙였다. 'GAR 30'에 든 로펌은 한국은 물론 아시아에선 피터앤김이 유일하다.

이처럼 빠르게 두각을 나타내고 있는 피터앤김에 대해, 국제중재 변호사들 사이에선 쓰리크라운(Three Crowns)의 아시아판이라는 고무적인 평가가 나오고 있다. 쓰리크라운은 프레쉬필즈(Freshfields Bruckhaus Deringer)의 중재팀을 이끌던 국제상사중재위원회(ICCA) 회장 출신의 얀 폴슨(Paulsson, Jan) 등 국제중재 전문가 3명이 2014년 소속 로펌을 나와 설립해 출범 4년 만에 'GAR 10'에 이름을 올리고 2022년 평가에선 9위에 랭크되는 등 혜성같이 나타나 명성을 떨치고 있는 국제중재 전문 로펌이다.

'국제분쟁 해결 전문' 피터앤김은 한국을 넘어 아시아의 국제중재시장, 유럽과 호주, 세계 시장을 겨냥하고 있다. 2020년 봄 한국 로펌 최초로 문을 연 싱가포르 사무소도 상주 변호사가 4명으로 늘어난 가운데 어느 한쪽이 한국 당사자인 사건은 물론 한국 당사자와 무관한 'truly international'한 사건이 많이 의뢰되는 등 매우 성공적으로 발전하고 있다고 한다. 국제중재·국제분쟁 해결 플랫폼, 피터앤김이 당초의 설립취지대로 세계로 뻗어나가고 있다.

국제중재 '퍼스트 무버'의 두 번째 꿈

"김갑유 변호사는 지난 20여년 동안 항상 최선두에 서서 한국 중재 커뮤니티의 발전에 새로운 패러다임을 제시해왔습니다. 피터앤김(Peter & Kim)이라는 새로운 플랫폼을 출범시키는 새로운 시도가 한국의 중재 분야, 더 넓게는 법률서비스 분야에 아주 새로운 길을 제시하는 굉장히 큰 계기가 될 것이라고 생각하고, 이러한 도전은 반드시 성공할 것이라고 믿습니다."

아직 정초 분위기가 가시지 않은 2020년 1월 9일 오후, 서울 삼성동 트레이드타워의 명소인 탑클라우드52. 신희택 대한상사중재원 국제중재센터 의장의 축사에 행사장을 가득 메운 참석자들이 뜨거운 박수로 축하와 공감을 나타냈다.

이날 개업소연엔 한국에서 활동하는 수많은 국제중재 변호사와 로펌의 파트너, 기업 관계자 등은 물론 일본 최고의 국제중재 변호사 중 한 명인 히로유키 데즈카(Hiroyuki Tezuka), 홍콩에서 활동하는 치앤 바오(Chiann Bao), 런던의 던컨 매튜즈(Duncan Matthews), 싱가포르의 벤 휴즈(Ben Hughes) 등 유명 중재인과 전 홍콩국제중재센터 의장인 마이클 모저(Michael Moser)도 바다를 건너와 참석했다. 또 해외의 여러 국제중재 전문가와 로펌에서 보내온 피터앤김의 성공을 기원하는 수많은 축하 영상과 메시지가 공개되어 분위기를 한층 돋우었다. 그만큼 김갑유 변호사가 주도하는 국제중재 플랫폼, 피터앤김의 출범이 국제적으로도 큰 관심을 불러일으키고 있음을 한눈에 확인할 수 있었다.

도대체 김갑유 변호사는 누구이고, 피터앤김이 어떤 로펌이기에 피터앤김의 출범이 국제적인 뉴스가 되고 있는 걸까? 김갑유 변호사가 최근 피터앤김으로 독립하기까지 24년간 법

법무법인 태평양에서 김 변호사와 한솥밥을 먹은 태평양의 김성진 당시 업무집행대표변호사는 이날 "피터앤김은 한국 최초로 명실공히 세계적인 네트워크를 갖춘 국제로펌으로 뻗어나갈 것"이라는 축사로 피터앤김이 지향하는 방향을 압축해 표현했다.

서울법대 재학 시절인 1984년 제26회 사법시험에 합격한 김갑유 변호사는 미국 유학을 마치고 돌아와 1996년 1월 태평양에 합류하면서 본격적으로 국제중재와 인연을 맺게 되었다고 회고했다. 김 변호사는 1994년 하버드 로스쿨에서 LLM 학위를 취득했다. IMF 외환위기 직전인 1997년 국내 유명 제약회사를 대리한 국제중재 사건에서 100% 승소한 것이 그가 수행한 첫 국제중재 케이스로, 이후 한국 국제중재의 선구자로 한국 로펌들의 국제중재 프랙티스를 견인해 온 것이 그의 25년에 걸친 국제중재 커리어라고 할 수 있다.

"처음엔 히어링(hearing) 등 모든 절차가 영어로 진행되고 영미계 로펌과 유럽과 미국의 변호사들이 주도하는 국제중재를 한다고 하니까, 너희들 영어로는 안 된다, 어렵다 이렇게

김갑유 변호사가 2020년 1월 9일 삼성동 트레이드타워에서 진행된 법무법인 피터앤김 개업소연에서 인사말을 통해 한국 국제중재 프랙티스의 발전 방향에 대해 이야기하고 있다.

얘기하는 사람들도 없지 않았어요."

김 변호사는 20여년 전 정말 바다를 메워 간척지를 만드는 식으로 국제중재 업무를 시작했다고 해도 과언이 아닐 거라며 지금 돌이켜보면 격세지감(隔世之感)을 느낀다고 거듭 힘주어 말했다. 그러나 그의 선택, 도전이 옳았다는 것이 확인되는 데는 오랜 시간이 걸리지 않았다. IMF 위기로 국내기업을 내다 파는 M&A 붐이 일었고, 이른바 post M&A 분쟁의 폭주 속에 국제중재 사건도 같이 붐이 일며 생각보다 훨씬 빨리 국제중재 분야가 발전을 거듭했다. 2002년 태평양에 국제중재팀이 만들어지고 다른 로펌들도 국제중재팀을 만들며 국제중재에 특화하는 변호사들이 점점 늘어나기 시작했다.

김 변호사는 2000년대 초 수많은 국제중재 사건을 수행하며 돈도 많이 벌었다고 한다. '퍼스트 무버(first mover)'로서 국제중재시장을 개척한 주인공인 그에겐 어찌 보면 당연한 결과였다.

김 변호사는 그러나 여기서 멈추지 않았다. 2006년 국제중재 사건을 다루는 한국의 여러 변호사, 교수들과 함께 국제중재 실무를 함께 연구하는 국제중재실무회를 발족시키는 등 한국 국제중재 커뮤니티의 본격적인 발전을 도모하고 나섰다.

"먹자골목 만들어 판 키우자"

김 변호사의 비유에 따르면, 일종의 '먹자골목' 이론을 국제중재시장에 도입한 것이다. 지역마다 맛집들이 모여 먹자골목을 형성하며 함께 발전하듯이, 정보를 같이 공유하고 공동으로 연구에 나서 한국의 국제중재 프랙티스를 발전시키고, 국제중재시장 전체의 파이를 키워 나눠 갖는 것이 혼자 독점적인 위치를 고수하는 것보다 보람도 있고 훨씬 유리하다고 판단한 결과로, 김 변호사의 이러한 구상은 얼마 후 상당한 성공으로 나타났다. 한국의 주요 로펌마다 국제중재팀이 발족되어 수많은 국제중재 변호사들이 활동하고, 국제중재가 한국 기업 등이 관련된 국제상사 분쟁의 단골 해결방법으로 각광을 받으면서 한국의 국제중재시장이 비약적으로 발전하게 되었다. 국제중재 전문매체인 GAR이 2019년 봄 발표한 '2019 GAR 100', 즉 '세계 100대 국제중재 로펌'을 보면, 김 변호사가 활동하던 법무법인 태평양과 김앤장 등 한국 로펌 4곳이 이름을 올리고 있다.

"첫 번째 꿈은 이루어진 것 같다"

국제중재실무회에 초기부터 몸담았던 장승화 서울대 로스쿨 원장이 피터앤김의 개업소연에 참석해 이에 얽힌 사연을 좀 더 소상하게 전했다. 개업소연에서 두 번째로 축사를 한 장 원장은 "김갑유 변호사와 함께 2000년대 초 두 개의 꿈을 키웠다"고 운을 뗀 뒤, 그중 하나가 한국의 국제중재 커뮤니티를 활성화하고 한국의 국제중재 프랙티스, 국제중재시장을 발전시키자는 것이었다고 소개했다. 그는 "지금 시간이 지나고 보니까 첫 번째 꿈은 이루어진 것 같다"는 평가를 내놓았다. 장 원장은, 한국에 국제중재라고 하는 시장이 형성되고, 국제중재만 전업으로 하는 변호사들이 많이 생겼으며, 한국인으로서 중재재판을 담당하는 중재인들도 아직은 소수지만 적극적으로 활동하고 있다고 강조했다. 그리고 김갑유 변호사가, 로펌을 달리하는 한국의 국제중재 변호사들과 서로 경쟁하는 입장이었지만, 굉장히 선도적으로 앞장서서 우리나라의 국제중재시장을 발전시키는 데 결정적으로 기여했다고 김 변호사의 공을 치하했다.

장 원장의 얘기를 들은, 개업소연에 참석한 많은 사람들의 관심은 이제 김갑유 변호사와 장 원장이 함께 꿈꾸었다는 두 번째 꿈에 집중되었다. 기자도 장 원장과 김 변호사가 20년 전에 함께 다짐한 두 번째 꿈이 궁금했고, 장 원장이 이날 준비한 축사의 하이라이트도 아직 이루어지지 않은 두 번째 꿈에 있을 터였다.

"우리에게 두 번째 꿈이 있었어요. 한국에서의 국제중재 시장만이 아니라 전 세계의 국제중재 수요에 맞출 수 있는 글로벌 로펌, 국제중재만 하는 글로벌 로펌을 만들어 한국 기업뿐만 아니라 제3국의 당사자들을 한국의 변호사, 로펌이 대리하는 중재 서비스 수출의 역할을 할 수는 없을까, 그런 꿈을 꾸었습니다. 물론 그 꿈은 아직 이루어지지 않았습니다."

장 원장은 이어 "그러나 학교에 몸담고 있으면서 이 꿈에 대해선 사실 잊고 있었는데, 올 초 개업소연에 와주면 좋겠다며 초청장을 보내온 김 변호사로부터 피터앤김을 만든다는 얘기를 듣고, 20년 전에 다짐했던 두 번째 꿈에 이제 도전한다는 얘기를 듣고 가슴이 벅차오르는 것을 느꼈다"고 고무되어 이야기했다. 장 원장은 그리고 "김 변호사가 첫 번째 꿈을 이루었듯이 두 번째 꿈도 충분히 이룰 수 있을 것으로 생각한다"고 얼른 말을 이었다.

장 원장이 학교에서 학생들을 가르치는 교수로서의 욕심이라며 두 번째 꿈에 덧붙여 한 가지를 더 주문했다. 국제중재의 선구자들이 미래의 한국의 중재에 관심을 갖고 있는 젊은 변호사들에게 새로운 중재 프랙티스의 패러다임과 모델을 제시해야 한다는 것이다. 장 원장은 그러면서 "김갑유 변호사, 피터앤김의 시도가 바로 우리 세대뿐만 아니라 후배들, 앞으로 자라 나올 후속 세대들에게 새로운 가능성의 프런티어를 좀 더 넓게 보여주는 아주 좋은 계기가 될 수 있을 것"이라고 피터앤김의 성공을 거듭 기대했다.

설립 후 2년 반이 더 지난 피터앤김엔 법원장과 대한상사중재원장을 역임한 이호원 변호사가 고문으로 함께 활동하고 있으며, 김갑유 변호사에 이어 방준필 외국변호사, 이승민, 신연수, 윤석준, 한민오, 조아라 변호사 등 맹장들이 줄지어 포진하고 있다.

방준필 변호사 등 국제중재 전문가 포진

미국변호사인 방준필 변호사는 김 변호사와 함께 오랫동안 태평양 국제중재소송그룹의 공동그룹장을 맡아 활약한, 지금까지 주요 국제중재기관에서, 또는 임의중재로 수행한 국제중재 케이스만 250건이 넘는 풍부한 경험의 소유자로, 그는 싱가포르국제중재센터(SIAC) 중재법원의 상임위원도 맡고 있다.

또 피터앤김의 싱가포르 사무소 대표로 나가 있는 이승민 변호사는 위메이드를 대리해 게임 '미르의 전설'의 저작권을 지켜낸 주인공으로, 서울대에 이어 싱가포르 국립대에서 LLM(법학석사) 학위를 받고 싱가포르 현지로펌에서도 근무했을 정도로 싱가포르와 인연이 깊다. 영국변호사 자격도 보유하고 있다.

서울대 법대 재학 중 제47회 사법시험에 합격한 신연수 변호사는 와튼스쿨 MBA, 하버드 로스쿨 상법학 박사로, 뉴욕주 변호사 자격도 갖추고 있다. 전에 법무법인 태평양에서 10년간 M&A와 국제중재 전문가로 활약했으며, 피터앤김에 합류하기 전 하버드와 와튼에서 학생들을 가르치기도 했다.

서울대 법대, 하버드 로스쿨(LLM)에서 공부한 윤석준 변호사는 학문적 깊이와 실무 능력을 겸비하고 법학뿐 아니라 경영·회계 분야의 전문성을 두루 갖췄다는 평가를 받고 있다.

군법무관 복무 중 독학으로 교육부장관이 수여하는 경영학사 학위를 취득했으며, 중재 실무에서 빈번하게 문제되는 손해액 산정(quantum), 국제조세, 국제통상과 같이 법학적 기초에 더하여 가치평가(valuation), 재정학, 경제학 등 관련 분야의 전문성이 추가로 요구되는 분야에서 뛰어난 실력을 발휘하고 있다. 한국 대기업이 중국 유통체인을 인수한 후 일종의 우발채무가 뒤늦게 발견되어 배상을 청구한 ICC 중재사건, 일본이 한국을 상대로 일본산 스테인리스 스틸 제품에 대한 반덤핑 관세 부과를 문제삼은 WTO 분쟁 등이 그가 담당하고 있는 주요 분쟁 케이스들이다.

한민오 변호사는 Gary Born, John Beechey와 같은 세계적인 중재인들 앞에서 직접 증인반대신문을 수행하는 등 대형 국제중재사건에서 활약하는 피터앤김의 차기 주자 중 한 명이다. 영국변호사 자격도 갖추고 있다. 서울대 법대를 졸업하고 영국의 킹스칼리지 런던에서 건설법과 분쟁해결을 연구해 법학석사 학위를 받았으며, 어려서 독일에서 자라 독일어와 영어가 유창하다.

조아라 변호사는 특히 발전소 설계와 시공을 포함한 국제 프로젝트, 정유 플랜트, 부동산 개발에 관련된 분쟁에 다양한 경험을 축적하고 있다. 중동, 아프리카에 위치한 대규모 원자력, 화력발전소 관련 중재사건에서 리드카운슬(lead counsel)로 활약했으며, 서울대 법대에 이어 스탠퍼드 로스쿨에서 LLM을 했다.

'기업법무의 라인업' 돋보이는

법 무 법 인   LAB 파 트 너 스

LAB PARTNERS

www.labpartners.co.kr

법무법인 LAB 파트너스는 2018년 4월 출범한 '차세대 로펌' 중 한 곳으로, 특히 M&A와 회사법 자문, 자산유동화 등 다양한 금융거래에서 두각을 나타내고 있다. 법무법인 세종과 김앤장 등 메이저 로펌에서 경험을 쌓은, 전문분야가 다양한 중견변호사들이 기업법무의 라인업을 구축, 설립 당시부터 주목을 받았다.

머저마켓(Mergermarket)이 집계한 2022년 상반기 한국시장 M&A 리그테이블에서의 순위는 거래건수 기준 10위. 금융 전문매체인 IFLR1000 집계 리그테이블에서도 Capital Markets: Structured Finance and Securitisation 분야 'Tier 2', Banking and Finance 분야 'Tier 3'에 랭크되는 등 가장 빠르게 발전하는 기업법무의 차세대 주자 중 한 곳이 LAB 파트너스라고 할 수 있다.

무엇보다도 LAB 파트너스를 구성하고 있는 파트너들의 면면에서 설립 5년도 안 되어 M&A와 금융 자문 등에서 두각을 나타내고 있는 이 로펌의 높은 경쟁력을 가늠해볼 수 있다.

6명의 파트너 중 사법연수원 기수(27기)가 가장 빠른 조영희 변호사는 세종 시절부터 자산유동화 거래 등에서 이름을 날린 증권 및 금융 분야의 전문가 중 한 명이다. 1998년 세종에서 변호사 생활을 시작, 때마침 IMF 외환위기에서 불거진 부실채권 매각, 금융권 자산유동화와 같은 당시만 해도 새로운 유형의 금융거래 업무를 집중적으로 수행했으며, 하버드 로스쿨에서 LLM을 취득하고, 클리어리(Cleary Gottlieb) 뉴욕사무소에서 외국변호사로 근무하고 돌아온 지 얼마 안 되어 터진 2008년의 글로벌 금융위기 때도 미국계 금융회사들의 다양한 금융거래와 한국시장 철수 등에 관해 자문했다. 2018년 LAB 파트너스에 창립 파트너로 참여한 조 변호사는 현대캐피탈, 신한카드, KB국민카드, 현대카드, 롯데카드, 우리카드 등 캐피탈과 카드사들을 대리한 해외 ABS 발행 거래 등을 성공적으로 수행하고, 인천 송도와 청라 지역 개발사업 등에서도 꾸준히 외국인투자자들을 대리하고 있다.

'사모펀드 전문팀' 탄탄

국내외의 다양한 사모펀드를 대리한 M&A 거래에서 비상한 활약을 이어가고 있는 김영주 변호사도 법무법인 세종 출신으로, 그는 특히 세종 금융팀에서 커리어를 쌓기 시작해 사모펀드와 M&A 분야로 업무영역을 넓힌, 기업법무의 양대 축인 코퍼릿(corporate)과 금융의 양날개를 겸비한 변호사라는 평가를 받고

조영희 변호사
김영주 변호사

있다. 펀드의 설립부터 M&A, 인수금융 등 거래의 진전에 따른 원스톱 서비스가 그가 이끄는 LAB 파트너스 M&A팀의 강점으로, LAB 파트너스는 이러한 강점을 내세워 코로나19 팬데믹 와중에도 케이스톤PE의 세아메카닉스 인수, 해외결제서비스 1위 기업인 엑심베이의 국내 사모펀드 투자유치, 컴투스의 동양온라인 인수, 풍성의 서평택탱크터미널 매각 등 사모펀드를 대리한 투자 또는 사모펀드를 상대방으로 하는 기업들의 투자 활동에서 다양한 성과를 올리고 있다.

오케스트라PE를 대리해 2022년 상반기 성공리에 종결한 마제스티골프코리아 매각 건도 김 변호사가 활약한 자문사례 중 하나다.

물론 LAB 파트너스는 일반 기업의 M&A 거래에도 활발히 참여하고 있다. 아이에스그룹, 풍성그룹과 같은 중견기업, 스타트업, 벤처기업 등으로 고객군이 확대되고 있으며, 김영주 변호사는 2022년 상반기 MBK파트너스를 상대방으로 하는 거래 규모 8,000억 원의 동진섬유, 경진섬유 매각 건에서 매도인들을 대리했다. 김 변호사는 특히 아이에스지주, 유가증권시장 상장법인인 아이에스동서 등을 포함하는 아이에스그룹에서 M&A 및 투자 관련 전담 자문변호사로 활약하기도 했다.

그만큼 김 변호사가 의뢰인들로부터 두터운 신뢰를 받고 있다는 얘기로, 김주영 변호사는 고려대 법대를 나와 제45회 사법시험에 합격했다. 세종에서 근무할 때 UCLA 로스쿨로 유학을 떠나

LLM 학위를 취득하고, Latham & Watkins 홍콩사무소에서 근무한 경험노 있다.

김영주 변호사와 사법연수원 35기 동기인 김광복 변호사도 LAB 파트너스에서 사모펀드(PEF) 일을 많이 하는 M&A 팀의 대표주자 중 한 명이다. 세종에 있을 때 사모펀드 전문 로펌인 Travers Smith로 연수를 다녀오기도 한 그는 서울대 공대를 나온 공학도 출신 변호사로, CJ ENM 자회사인 온라인동영상서비스(OTT) 기업 티빙이 2022년 봄 신생 사모투자펀드(PEF) 운용사인 JCGI로부터 2,500억원 규모의 투자를 받은 거래가 김광복 변호사 팀이 주도한 대표적인 M&A 딜로 소개된다. 이와 함께 PEF의 설립부터 대상회사에 대한 법률실사, 본 계약의 체결 및 거래종결에 이르기까지 전 과정에 걸쳐 자문을 제공하며 성공적으로 거래를 마무리한 키움인베스트먼트PE와 포스코기술투자의 중견기업 지분인수 거래 등 다양한 자문사례가 그의 업무파일에 들어 있다.

김 변호사는 "갈수록 활발해지고 있는 한국의 사모펀드 시장을 감안할 때 상위 메이저 등 대형 로펌 외에 영국처럼 사모펀드 일을 전문적으로 다루는 중소 로펌이 최소한 대여섯 개 정도는 나와야 할 것"이라며 LAB 출범 당시 사모펀드 전문팀의 중요성을 강조한 적이 있는데, 그의 예상대로 한국 M&A 시장에서도 사모펀드들이 주요 플레이어로 맹활약하고 있다. 그는 한국 로펌 업계에 사모펀드 등 기업법무에 특화한 중소 로펌이 더 필요한 이유에 대해, "대형 로펌이 다 하지 못하는 틈새를 LAB와 같은 중소 로펌,

중견 로펌이 떠맡아 들어간다기보다 경제계가 한층 복잡다단해지고 분화하면서 거기서 시장이 열리고 있는 것 같다. 꼭 대학병원을 찾아가는 게 아니라 어느 로펌의 누구누구 이런 식으로 변호사를 보고 사건을 맡기고, 작지만 괜찮은 데를 찾아가는 식으로 소비자의 인식이 바뀌고 있다"고 분석했다.

일본 전문가도 가세

세종에 이어 LAB 파트너스 합류 전 오랫동안 김앤장에서 활동한 김진호 변호사는 M&A와 기업지배구조, 외국인투자, 내부조사, 컴플라이언스 등 다양한 영역에 걸쳐 자문한다. 특히 중학교 시절을 포함해 청소년기를 일본에서 보낸 일본 전문가로, 서울대 법대를 나온 그는 세종에서 근무할 때인 2010년 와세다 대학으로 유학을 다녀오기도 했다.

2013년부터 2018년 LAB에 합류할 때까지 5년간 김앤장에서 근무하며 인사노무, 컴플라이언스, 공정거래, 영업비밀, 개인정보 등 폭넓게 업무를 수행한 그는 일본 기업의 한국 진출부터 엑시트까지 거의 모든 분야에서 원스톱 서비스가 가능한 그의 표현을 빌면 일본 기업을 상대로 자문하는 '진정한 제너럴리스트(generalist)' 중 한 명으로, 물론 일본 클라이언트가 적지 않다. 김변호사는 일본으로부터의 투자유치, 합작회사 설립, 사업 제휴 등 인바운드(inbound) 업무와 한국 기업의 일본 진출과 관련해 여러 서비스를 제공한다. 특히 국내 사모펀드의 일본 기업 인수 및 국내 기업의 일본 골프장 인수와 같은 아웃바운드 거래에서 그의 활약이 돋보인다.

LAB 파트너스의 또 한 명의 창립 파트너는 경영권 분쟁 등 기업소송 분야에서 활약하는 안진호 변호사로, LAB 파트너스의 소송 사건을 도맡아 처리한다. 변호사가 대형 로펌처럼 많지 않은 중소 로펌 규모인데도 M&A와 금융 등 거래 자문 변호사들과 함께 안진호 변호사와 같은 소송 전문가가 함께 포진하고 있는 점이 LAB 파트너스의 강점 중 하나로, 안 변호사는 "기업 경영과정에서 발생하는 분쟁의 해결은 물론 기업 인수 후 진술보장 등 여러 이슈로 분쟁이 발생할 수 있는데, 이러한 경우 소송 전문가가 투입되어 예컨대 사모펀드를 예로 들면 펀드 포메이션부터 분쟁해결까지 전 과정에 걸쳐 파트너들이 직접 챙기며 신속하면서 합리적인 비용의 원스톱 서비스로 대응하는 것이 다른 중소 로펌에선 쉽지 않은 LAB만의 강점"이라고 강조했다. 안 변호사는 USC 로스쿨에

김진호 변호사
안진호 변호사

서 LLM을 했으며, 김영주, 김광복 변호사와는 법무법인 세종에서 오랫동안 함께 근무한 사법연수원 동기(35기)이기도 하다.

LAB 파트너스는 빠른 속도로 사건이 증가하는 가운데 전문가 영입에도 활발하게 나서 설립 4년 만인 2022년 7월 현재 외국변호사를 합쳐 전체 변호사 18명의 상당한 규모를 유지하고 있다.

법무법인 세종과 태평양에서 오랫동안 근무한 알렉스 리 선임 외국변호사가 다양한 섭외적 법률 이슈에 대해 자문을 제공하며, 법무법인 세종과 KL 파트너스를 거쳐 2018년 합류해 얼마 전 파트너로 승진한 류민희 변호사는 인사노무와 함께 적대적 M&A 분쟁, 주주간 분쟁 등 기업소송에서 두각을 나타내고 있다. 외국계 기업의 국내 노동조합 신설에 따른 단체교섭과 조정, 단체협약 관련 자문, 직장 내 괴롭힘, 성희롱에 대한 회사 측 대응, 국내 제약사의 위장도급 및 불법파견에 대한 대응 등이 류 변호사가 수행하는 인사노무 분야의 주요 사안들로 소개되며, 기업소송 분야에

김광복 변호사

서도 해고무효 등 노무 관련 소송뿐만 아니라 국내 자산운용사의 주주간 분쟁, 외국계 합작회사 경영진과 대주주 사이의 분쟁 관련 가처분, 회사대표소송 등에서 섬세하면서도 신속한 업무처리로 고객들의 깊은 신뢰를 담보하고 있다는 평이다.

2018년 문을 열자마자 왕성한 자문과 함께 높은 인기를 끌고 있는 LAB 파트너스는 2019년 가을 아시아 지역의 법률매체인 ALB가 주관하는 'ALB Korea Law Awards 2019'에서 '올해의 부티크 로펌(Boutique Law Firm of the Year)'으로 선정됐다. 이듬해엔 아시아로(asialaw)로부터 'Best Newcomer of the Year'로 선정됐다.

"CT 찍고 검사한 후
단순 감기라고 하면 뭐라고 할까요?"

대형 로펌에서 경험을 쌓은 LAB 파트너스의 파트너들은 소규모의 중소 로펌, 부티크에 승산이 있다고 한목소리로 얘기했다. 그것이 대형 로펌을 떠나 LAB 파트너스를 세운 이유라며, 파트너가 직접 업무를 처리하는 데서 오는 발빠른 대응과 합리적인 수임료를 제시하고, 더 나아가 수백 명의 변호사가 소속된 대형 로펌에선 쉽지 않을 수 있지만, LAB 파트너스에선 고객이 가려워하는 곳을 확실하게 긁어줄 수 있고, 그런 자세로 업무를 수행한다고 대형 로펌과의 차별화를 거듭 강조했다.

김진호 변호사는 먼저 로펌의 변호사를 기업의 의사에 비유하고, 로펌의 규모가 커지면서 환자를 환자로 보지 않고 일종의 수입원으로 보게 되면서 기업의(企業醫)에 해당하는 로펌 변호사들이 대형 로펌에 한계와 염증을 느끼게 된다고 지적했다.

"요새 과잉진료 얘기가 많이 나오는데, CT 찍어라, 이것 검사해라, 저것 검사해라 그렇게 환자에게 다양한 검사를 하게 한 후 단순 감기라고 하면 환자가 뭐라고 할까요? 대학병원 과장 출신이 개인병원을 열어 병 잘 고치면 환자들이 줄을 선다고 하잖아요. 로펌시장에도 맞는 부분이 있다고 생각합니다."

김 변호사는 이어 로펌의 변호사와 중소 로펌의 파트너를 소작농과 자영농에 비교하고, '자영농인 중소 로펌의 변호사들은 강원도 산골에 가서 화전을 부쳐도 잘 살 수 있다. 우리끼리 서로 도와가면서 해보자' 그런 자세로 시작한 게 중소 로펌 LAB 파트너스라고 소개했다.

그는 "땅은 속이지 않는다고 하지 않느냐"고 반문하고, "LAB 파트너스의 변호사들이 전문성으로 무장하고 고객들을 성심성의껏 대하면 사건도 잘 해결되고 고객도 더욱 늘어날 것"이라고 긍정적인 기대를 숨기지 않았다. 실제로 LAB 파트너스 변호사들의 실력이 알려지며 4년 전 소수정예로 출범한 LAB 파트너스는 사건이 늘고 변호사가 지속적으로 충원되는 선순환이 이어지고 있다.

LAB 파트너스 사람들에 따르면, 'LAB'는 '로앤비' 즉, 법과 비즈니스이고, 또 하나는 법의 실험실, laboratory를 의미한다고 한다.

'IP 분쟁 해결사'

법무법인 다래

www.daraelaw.co.kr

법무법인 다래는 한국을 대표하는 'IP 부티크' 중 한 곳이다. 23년 전인 1999년 8월 설립되어 이후 수많은 사건에서 성공적인 결과를 도출해내며 IP 부티크 시대를 연 주인공으로, 외국의 법률 전문매체 평가에서도 IP 리그테이블의 윗자리에 단골 선정되는 높은 경쟁력을 인정받고 있다.

무엇보다도 다래의 홈페이지에도 일목요연하게 소개되어 있는 수많은 승소 사례에서 'IP 분쟁 해결사' 다래의 높은 경쟁력을 한눈에 확인할 수 있다.

'호랑이코 그릴' 저작권 소송 방어

기아자동차의 전 차종에 적용되고 있는 일명 '호랑이코 그릴' 관련 저작권 침해소송이 다래가 나서 성공적인 결과를 이끌어낸 대표적인 사건으로 소개된다. 다래는 이 사건에서 기아자동차, 현대모비스 등을 대리해 패밀리룩인 '호랑이코 그릴'은 다른 사람의 스케치를 모방한 것이 아니어서 저작권 침해로 볼 수 없다는 대법원 확정판결을 받아냈다. 상대방 측에선 기아자동차의 '호랑이코 그릴'은 자신이 현대자동차의 웹사이트에 게재한 그릴 스케치의 저작권을 침해한 것이라고 주장했으나, 다래의 변호사들은 ①상대방의 스케치와 기아자동차 그릴 디자인 사이에 현저한 유사성이 없고, ②기아자동차는 상대방의 스케치에 대한 접근 가능성도 없었으며, ③기아자동차는 그릴 디자인을 독자적으로 개발한 것이라고 항변, 1, 2심에서 승소한 데 이어 대법원에서도 이겨 승소 판결을 확정시켰다.

'우리은행' 서비스표가 선등록 서비스표인 '우리기술투자(주)'라는 서비스표와 유사하다는 이유로 등록무효심판이 청구된 사건에서도 다래는 우리은행을 대리해 청구인 측의 공격을 성공적으로 막아냈다. 다래는 "양 서비스표는 전체적으로 호칭되고, 관념 되므로 서로 다르다"는 주장을 펴 특허심판원, 특허법원, 대법원에서 모두 승소했다.

이 외에도 다래는 유명 주방용품 제조업체인 독일 휘슬러를 대리하여 모방제품을 생산하는 업체를 상대로 모조품 제조 및 판매를 금지하는 가처분 결정을 받아내고, 서울음반 등 30여 음반제작자를 대리하여 온라인 P2P 서비스를 제공하는 소리바다에 대하여 저작인접권 침해금지를 구하는 가처분을 신청해 승소하는 등 디자인, 서비스표, 저작권 등 IP 분야의 다양한 사건에서 맹활약하고 있다.

최초의 가처분 신청이 기각된 이후 다래가 수임하여 승리로 이끌었다는 점에서 더욱 의미가 있었던 소리바다 사건은 소리바다 서비스가 저작권 침해를 방지하기 위한 충분한 기술적 조치를 취하였는지 여부가 쟁점이 되었으나, 법원은 소리바다 서비스가 충분하지 못한 기술적 보호조치를 취하고 있다고 보아 가처분을 인용했다.

다래는 최근 들어서도 생활가전 제조회사를 대리한 자동청소기 특허분쟁에서 상대방의 특허발명에 진보성이 없음을 증명하여

1, 2심에 이어 대법원에서 최종 승소하고, 반도체 장비 특허를 둘러싼 해묵은 분쟁도 승소로 마무리지었다.

2021년 초 대법원은 반도체 장비 개발업체인 한미반도체와 제너셈 사이의 반도체 장비 특허를 둘러싼 특해침해소송의 상고심에서 제너셈이 한미반도체의 기술을 무단 사용했다는, 제너셈의 특허침해를 인정하는 판결을 내려 여러 해에 걸친 두 회사 간 특허분쟁에 종지부를 찍었다. 분쟁의 대상이 된 한미반도체 제품은 반도체 패키지의 절단과 세척, 적재기능 등을 수행하는 패키징 공정 장비로, 이 소송에선 특히 특허의 청구범위 해석이 쟁점 중 하나로 주목을 끌었다. 제너셈에선 한미반도체 제품 적재홈의 격자점 상에 있는 뿔 모양의 부재(部材)가 반도체 패키지의 부드러운 적재홈 안착을 방해, 특허의 효력이 없어 제품 자체가 '미완성'이라는 주장을 폈으나, 한미반도체를 대리한 법무법인 다래가 '특허는 청구범위에 기재된 사항에 의해 정해진다'는 원칙을 강조하며 뿔 모양의 부재는 청구범위에 기재되지 않은 내용이라고 반박, 1, 2심 승소에 이어 대법원까지 제너셈의 특허침해를 관철시킨 것이다. 제너셈을 대리한 로펌은 '업계 1위' 김앤장 IP 그룹이었다.

'김앤장·광장 맞수' 다래

한미반도체 분쟁에서도 알 수 있듯이 다래는 김앤장, 법무법인 광장 등 대형 로펌과 어깨를 겨루며 대리전을 펼치는 경우가 많다. 그만큼 IP 관련 분쟁에서 실력을 인정받고 있다는 얘기인데,

다래 관계자는 때로는 대형 로펌을 제치고 사건을 따내는 경우도 적지 않다고 말했다.

타이어의 산화방지제를 둘러싼 국내 유명 기업과 외국 업체와의 특허침해금지소송이 그런 경우로, 다래가 맡았던 여러 건의 관련 특허분쟁 중 하나는 외국 기업의 제소를 당한 국내 기업이 법률사무소 선택을 놓고 고민을 거듭하다가 대형 로펌을 제치고 다래에 사건을 맡겨 다래 변호사들이 더욱 의욕을 느꼈던 사건이다. 다래의 한 관계자는 "김앤장 등 대형 로펌에서도 이해관계 충돌 등을 이유로 사건을 맡을 수 없을 때 다래를 추천한다"고 귀띔했다.

다래는 외국 기업을 대리하는 경우도 적지 않지만 특히 외국 기업이 제기한 관련 소송에서 주로 방어자인 한국 기업들을 대리하는 경우가 많아 '한국 기업의 특허파수꾼'으로도 잘 알려져 있다. 독일 오슬람이 제기한 특허소송에서 국내 조명업체를 대리하고, 휴대폰 등에 들어가는 LED(발광다이오드) 기술을 둘러싼 일본 기업과 한국 기업 사이의 특허분쟁에서 한국 기업을 대리해 일본 기업의 특허공세를 막아내는 등 다래의 사무실엔 앞서가는 기술 개발로 '기술 코리아'를 일궈가는 한국 기업들의 발길이 끊이지 않고 있다.

23년 전 변호사 2명, 변리사 2명이 모여 변호사와 변리사의 협업을 강조하며 출발한 다래가 IP 분쟁에 관한 한 대형 로펌과 맞먹는 높은 경쟁력을 확보하게 된 배경은 무엇일까.

창립멤버의 구성에서 짐작할 수 있듯이 '변호사와 변리사의 협업'이 다래의 성공비결 중 하나로, 다래엔 지금도 변호사와 변리사가 비슷한 숫자로 근무하고 있다. 다래는, 다래가 창립하기 1년 6개월 전인 1998년 3월 1일 출범한 특허법원의 1기 재판부 출신인 박승문, 조용식 변호사와 특허청 심사관, 특허심판원 심판관에 이어 특허법원 기술심리관으로 활동한 윤정열, 김정국 변리사 등 이른바 '특허 4인방'이 비슷한 시기에 법복을 벗고 다래란 간판 아래 다시 뭉쳐 출발했다. 당시 특허법원의 3개 재판부 중 1개 재판부가 재판장만 빼고 모두 다래로 옮겨 왔다는 말이 나온 것도 무리가 아니었다.

'변호사와 변리사의 협업' 유명

박승문 대표변호사는 "특허법원에 근무하면서 기존의 로펌이나 특허사무소들이 변호사 위주 또는 변리사 중심의 업무를 수행하는 것을 보고, 이렇게 하면 어느 경우나 반쪽의 서비스에 그칠 수

박승문 변호사

있어 한계가 있겠구나 하고 많이 생각했다"며 변호사가 수행하는 법률업무와 변리사가 주축이 된 변리업무의 시너지를 강조했다.

다래가 가장 먼저 시도한 '변호사와 변리사의 협업'은 이후 IP 부티크 운영의 공식처럼 굳어져 다래 이후 문을 연 대부분의 IP 펌들도 변리사와의 협업을 내걸고 높은 시너지를 도모하고 있다.

다래의 시도는 곧바로 주목을 받았다. 돛을 올리자마자 일이 쏟아져 들어왔다고 한다. 창립 이듬해부터 어소시에이트 변호사를 채용하기 시작한 다래는 이후 빠른 속도로 성장, 지금은 창립 당시의 5배가 넘는 약 25명의 전문가 집단으로 발전했다.

물론 법률과 변리업무의 조화, 변호사와 변리사의 협업을 강조하는 다래의 철학이 꾸준히 이어지고 있다. 변호사와 변리사가 절반가량씩 포진해 시너지를 도모하고 있으며, 변호사 중에도 자연과학이나 공학을 전공한 이공계 출신이 많다.

소리바다 사건 등에서 활약한 민현아 변호사는 이화여대 컴퓨터학과 출신으로, 변호사가 되기 전 포스데이타(현 포스코ICT)에서 근무한 경험도 있으며, 윤정근 변호사는 서울대 전자공학과를 졸업하고 미시간대에서 전기공학 박사학위를 받았다.

기술조사·기술평가 이어 기술컨설팅까지

2003년 4월 법무법인 다래, 특허법인 다래의 두 개의 법인을 출범시키며 조직을 일신한 다래는 2006년부터 기술조사·기술평가라는 새로운 서비스를 시작, 또 한 번 주목을 받고 있다. 특허에 관한 높은 전문성을 바탕으로 서비스 영역을 다각화한 것으로, 다래는 특허청으로부터 첫 민간 IP 평가기관으로 선정되기도 했다.

윤정열 변리사는 "이미 외국 기업 등이 특허를 보유하고 있거나 특허를 추진 중인 기술을 아무런 생각 없이 개발했다가 나중에 특허침해 시비 등에 휘말려 낭패를 보는 경우가 없지 않다"며 "다래의 기술조사 서비스는 이런 실패를 미리 예방하고, 특허시비의 위험이 없는 신기술 개발에 나서도록 지원하는 서비스"라고 소개했다.

전자택(tag)의 일종인 RFID(Radio Frequency Identification) 기술과 관련, 외국의 특허 보유 여부를 조사해 한국전자통신연구원(ETRI)에 자문하고, RFID협회에 보고서를 제공한 것 외에도 ▲온라인 주식거래 및 대출을 위한 실시간 리스크 관리 시스템에 대한 기술평가와 권리분석 ▲일회성 위치추적 서비스 제공 방법과 그 시스템에 대한 기술이전 검토 ▲멜라닌 색소 탐지기술과 피하지방 측정기술에 대한 기술평가 ▲반도체 테스트 핸들러의 리테스트 방법에 관한 기술평가 ▲반사방지 필름, 편광판 및 디스플레이 장치에 대한 권리분석 ▲발광다이오드 제조방법 관련 라이선스 ▲디지털 케이블방송 통합서비스 시스템 관련 기술이전과 사업성 분석 등이 다래가 수행한 대표적인 기술조사 및 평가서비스 사례들이다.

다래는 기술조사와 평가를 넘어 새로운 사업을 구상하는 기업을 상대로 기술진단과 함께 개발이 필요한 기술에 대해 자문하는 기술컨설팅 서비스도 제공하고 있다. 또 기술거래 중개에도 나서고 있으며, 기술거래의 경우 공급자와 수요자의 발굴, 대상기술에 대한 평가와 기술이전을 위한 협상 및 계약지원은 물론 기술이전 이후의 기술료 징수 대행 등 사후관리 서비스까지 제공하고 있다. RIPC(지역지식재산센터)를 통한 글로벌 IP 스타기업들의 해외권리화사업, 특허맵 사업이 대표적인 예다. 2021년 수출바우처 사업의 수행기관으로 선정된 다래는 그해 3월 지식재산 평가를 통한 투자유치 등 IP 금융 활성화에 기여한 공로를 인정받아 특허청으로부터 'IP 금융 활성화 유공' 표창을 받았다.

다래는 2020년 5월 기술거래와 기술컨설팅 서비스를 담당하는 ㈜디알아이피를 설립해 종전의 ㈜다래전략사업화센터, ㈜디알피솔루션과 함께 IP 그룹으로 조직을 확장했다.

그룹 전체 인원이 약 150명으로 늘어난 다래는 특허분쟁의 해결과 출원은 물론 기술거래와 기술경영, 기술가치 평가 등 기술과 지식재산권에 관한 차별화된 원스톱 서비스를 지향한다.

노사정 아우르는
'노동 부티크 1호'

법무법인 아이앤에스

www.ins-lab.co.kr

버스기사의 대기시간은 근로시간으로 볼 수 없다는 '버스기사 대기시간' 판결, 복지포인트는 임금 및 통상임금에 해당하지 않는다는 대법원 전원합의체 판결, 원어민 영어강사의 근로자성 인정 판결…

'노사관계 전문' 법무법인 아이앤에스가 최근 수행한 사건들로, 의미 있는 노동법 판결이다 싶으면 대리인 난에서 아이앤에스의 이름을 손쉽게 확인할 수 있을 만큼 아이앤에스가 노동법 분쟁에서 맹활약하고 있다.

아이앤에스는 통상수준보다 과도하게 높은 노조위원장의 급여를 합리적인 수준으로 삭감한 것이 부당노동행위에 해당하는지 여부가 다투어진 사건에서 회사 측을 대리해 부당노동행위가 아니라는 판결을 받아냈으며, 기간제근로자를 차별적으로 처우했는가가 다투어진 사건에선 사용자 측을 대리해 '차별적 처우가 존재하는지를 판단하기 위한 비교 대상 근로자는 실제 근로계약을 체결하고 업무를 수행해 온 실제의 근로자여야 구체적인 업무가 특정되지 않는 직제상 상정할 수 있는 가상의 근로자와 추상적으로 비교할 것은 아니다'는 판단과 함께 차별적 처우를 인정한 중앙노동위원회의 판정을 취소하는 판결을 받아냈다.

아이앤에스는 서울지법 판사를 거쳐 김앤장에서 경험을 쌓은 조영길 변호사가 주축이 되어 2000년에 문을 연 20년이 더 된 노동법 부티크로, 노동 분야의 리그테이블에서 대형 로펌들과 함께 'Band 1'의 높은 경쟁력을 자랑한다.

노사관계 개선 자문 유명

특히 개별적인 소송은 물론 노사관계 개선 자문이란 독특한 영역을 개척해 종합 자문을 제공하는 곳이 아이앤에스로, 조영길 대표는 노사관계의 발전을 위한 개선계획을 짜주고, 이를 직접 현장에 구현하는 과정에 아이앤에스의 변호사들이 많이 관여하고 있다고 소개했다. 한마디로 민, 형사소송이나 가처분 등 쟁송의 해결은 물론 제도의 수립, 의사결정, 교육, 홍보, 협상 등 노사관계 개선을 위한 기업활동의 전 과정에 참여해 자문을 제공한다는 얘기인데, 법률에 정책컨설팅 서비스를 접목시킨 아이앤에스의 종합서비스는 기업관계자들로부터 높은 인기를 얻고 있다.

아이앤에스가 컨설팅을 맡았던 한 회사의 경우를 보면 아이앤에스의 자문이 얼마만큼 전문적으로, 포괄적으로 이루어지는지 잘 알 수 있다.

20~30년간 흑자를 낸 이 기업은 적자로 반전하며 경영위기에

조영길 변호사

빠졌다. 그동안 벌어놓은 돈이 있어 아직 재정적으로 곤란한 상태는 아니었지만, 과연 벌어놓은 돈을 다 까먹을 때까지 구조조정을 미루고 기다려야 하는가가 관건이었다. 자문을 의뢰받은 아이앤에스에선 일류 회계법인에 의뢰해 현재와 장래의 경영진단을 받는 일부터 시작했다. 이어 긴박한 경영위기라는 진단이 나오자 이를 돌파하기 위한 법률적 방안을 제시하고, 경영진이 선택한 방안을 구현하는 작업에 착수했다. 법률적인 대처가 요구되는 쟁점을 찾아내 이를 충족할 수 있도록 경영진의 의사결정을 유도하고, 현장에 구현하도록 했다. 그럼에도 불구하고 나중에 법적 분쟁이 발생했지만 장기간에 걸쳐 아이앤에스의 빈틈없는 자문을 받은 이 회사는 재판에서 승소했다.

이처럼 기획에서 실행까지, 그리고 분쟁이 터질 경우의 대응까지 총체적인 자문을 제공하다 보니 한 기업당 보통 몇 년씩 자문이 이어지는 경우도 적지 않다고 한다. 앞에서 소개한 사안은 소송 종결까지 4~5년이 걸렸다. 아이앤에스의 변호사들은 정기적으로 열리는 회사 전략회의에 참석해 의견을 개진하며 파업현장에도 자주 내려간다.

개별적인 분쟁에선 통상임금 소송, 협력회사 직원들이 종업원지위의 확인을 요구하며 제기하는 사내하도급 사건과 근로자 파견, 해고, 근로자 여부, 근로자의 정년, 퇴직금 지급요건의 해당 여부 등 다양한 노동법 사건에서 아이앤에스의 변호사들이 사용자 측을 맡아 맹활약하고 있다. 다른 어느 로펌보다도 사용자 측을 많이 맡아 방어하는 로펌 중 한 곳으로 잘 알려져 있다.

'신의칙 위반' 인정 많이 받아

특히 현대제철 사내협력업체 사건, 코오롱글로벌 사건에서 근로자들의 통상임금 청구는 신의칙 위반이라는 법리를 적용받아 승소하는 등 통상임금 사건의 주요 쟁점 중 하나인 신의칙 위반 주장을 가장 많이 인정받은 로펌 중 한 곳이 아이앤에스다. 아이앤에스의 임동채 변호사는 "대법원 판결을 존중하면서도 판결에서 설시된 신의칙 법리 등의 사실관계를 파고들어 좋은 결과를 이끌어낸 것"이라고 설명했다. 이외에도 르노삼성자동차, 금호타이어, 서울메트로, 시영운수 등 아이앤에스가 수행했거나 현재 진행 중인 통상임금 소송이 100건이 훨씬 넘는다.

사내하도급 사건도 아이앤에스에서 가장 많이 수행하는 사건 중 하나로, 아이앤에스는 현대 계열사, 금호그룹 계열사, 지엠대우, 서울메트로, 한국철도공사, 하이닉스, 한솔그룹 계열사, CJ그룹, 르노삼성 등 수많은 기업을 상대로 사내하도급에 관한 자문을 제공했다. 물론 사내하도급 현황에 대한 진단과 함께 개선계획을 수립하고, 관련 교육과 법률자문 등을 제공하는 통합서비스가 아이앤에스 자문의 특징이며, 회사 측을 대리해 근로자들이 낸 종업원지위확인소송 등 관련 소송에 대응하는 것도 아이앤에스 변호사들의 몫이다.

아이앤에스는 협력업체 직원들이 회사를 상대로 종업원지위 확인을 요구하고 나선 '현대미포조선 사건' 등에서 활약했다. 1, 2심에서 현대미포조선이 승소했으나, 대법원에서 근로자들에게 종업원지위를 인정하는 내용으로 파기환송된 후 아이앤에스의 변호사들이 환송 후 항소심부터 관여해 합의로 사건을 마무리했다.

또 분사한 회사의 종업원 주주들이 회사를 상대로 종업원지위의 확인을 구한 대우조선해양 사건에서 대우조선해양을 대리하고, 2005년 현대하이스코를 대리해 이른바 파견근로자 보호 등에 관한 법률 위반 형사사건을 방어하는 등 노사관계에 관련된 주요 사건마다 아이앤에스의 변호사들이 나서 활약하고 있다. 현내하이스코 형사사건의 경우 노동사무소 조사 단계에서부터 방어에 나서 검찰에서 불기소처분을 받아냈다.

아이앤에스는 정리해고에 따른 부당해고를 둘러싼 여러 사건과 다수의 퇴직금 소송 등에서도 상당한 성과를 올렸으며, 아시아나 조종사 파업 땐 금호 측에 자문을 제공했다.

그러나 아이앤에스가 사용자 측만 대리한다고 생각하면 큰 오산이다. 상대적으로 사용자 측을 많이 대리하지만 아이앤에스는 근로자, 정부, 지자체도 자주 대리한다.

청담어학원 영어강사 대리해 승소

청담어학원에서 영어강사로 일한 내외국인 강사 24명을 대리해 2015년 6월 근로기준법상 근로자라는 대법원 판결을 최초로 받아낸 사건이 아이앤에스가 근로자 측을 맡아 활약한 대표적인 사건으로 꼽는다. 이 판결에서 대법원은 "원어민 강사들에게 퇴직금과 주휴수당, 연차휴가근로수당 등 4억 6,000여만원을 지급하라"고 판결했다. 아이앤에스는 이후 청담러닝 가맹점인 수원장안청담어학원에서 근무한 영어강사 등을 대리해서도 같은 취지의 승소 판결을 받았다.

또 이른바 전교조가 낸 법외노조통보 취소청구소송의 본안 및 효력정지 가처분 사건에서 정부법무공단과 함께 고용노동부를 대리하고, 환경미화원들이 1주 40시간을 초과한 휴일근로에 대해 휴일 및 연장근로수당을 중복 지급하라며 안양시와 성남시를 상대로 낸 소송에서 피고 지자체를 직접 대리한 것은 아니지만, 관련 논문을 작성해 노동법 학술지에 기고하고 대법원 노동실무회에서 발표하는 등 소송대리인들을 도와 이 사건이 대법원 전원합의체에 회부되는 데 많은 역할을 했다. 요컨대 노사정(勞使政)을 아우르며 노사관계의 발전을 위해 애쓰는 법률가집단이 아이앤에스라고 하면 크게 틀린 말이 아니다.

벤처 붐이 한창이던 2000년 10월 문을 연 아이앤에스는 로펌 이름에서 가늠할 수 있듯이 처음부터 기업법무의 통합적인 해법을 지향했다. 로펌 이름의 'I'는 'Integration' 즉, 통합을 가리키고, 'S'는 'Solution'의 첫 글자에서 딴 것으로, 신속한 종합처방을 내세우는 아이앤에스의 서비스는 금방 기업들로부터 환영을 받았다.

노사관계의 발전을 위한 개선계획을 짜주는 노사관계 자문도 그런 서비스 중의 하나이며, 아이앤에스는 통합서비스의 노하우를 경영권 분쟁, 전략소송, 기획소송으로 발전시키고 있다.

"큰 소송일수록 팩트 파인딩 중요"

23년째 아이엔에스를 이끌고 있는 조영길 변호사는 특히 현장을 중시하는 것으로 유명하다. 조 변호사는 "현장에 가서 팩트 파인딩(fact finding)을 하다 보면 그곳에 답이 있는 경우가 많다"며 "큰 소송일수록 팩트 파인딩이 중요하다"고 강조했다.

1심에서 진 사건을 맡아 항소심에서 이기고 2006년 말 상고심까지 승소로 마무리한 한 회사의 퇴직금 소송이 아이앤에스가 수행한 대표적인 전략소송으로 소개된다. 연매출 십수 조원의 대기업으로, 파급효과를 감안할 때 소송가치가 약 3,000억원에 이르는 큰 소송이었다. 쟁점은 성과금이 파업 여부에 따라 변동되거나 차등 지급된 경우 이 성과금을 퇴직금 산정을 위한 기준임금에 포함시켜야 하는지 여부. 고정적·일률적으로 지급되었으면 기준임금에 포함시켜야 하나, 그렇지 않으면 포함되지 않는다.

회사 측을 대리한 아이앤에스의 변호사들은 성과금이 어떻게 제정되고 지급되어왔는지 사실관계부터 파고들었다. 변호사들이 회사를 방문해 10여년간의 단협 기록을 확보하고, 불법파업 땐 성과금을 주지 않은 사실 등을 확인했다. 또 관련 증거와 증언을 확보하고, 외국 사례와 논문 등도 수집해 재판부에 제출했다. 2심부터 승소 판결을 받아냈다. 철저하게 사실관계를 파헤치고, 여기에 법률 전문성을 결합해 재판의 방향을 되돌린 것이다.

종합반 학원강사, 단과반 강사 등에 대하여 근로자성을 인정하는 판결을 선고해오고 있는 대법원의 견해와 달리 학원강사의 근로자성을 부인하고 학원강사와 학원 측이 맺은 위약금 약정이 유효하다는 판단을 받아낸 서울중앙지법 판결도 아이앤에스 변호사들의 탁월한 실력이 돋보인 사안이다. 아이앤에스 관계자는 독립계약자 계약 체결의 전후 사정에 대한 면밀한 사실관계 발굴, 독립계약자 계약 문언의 구체적인 의미, 학원강사가 학원에 전속되어 있지 않다는 사정의 증거화 과정 등을 거쳐 기존의 대법원 판결 사안과 사실관계 측면에서 상이한 점이 많고 그러한 내용은 근로자성 인정 여부에 관건적인 사실관계이기 때문에 결론이 달라야 한다는 점을 주장, 입증한 결과라고 설명했다.

아이앤에스는 또 곡물을 수입하여 저장하는 업무를 수행하는 회사의 근로자가 저장탱크에서 질식사해 산업안전관리책임자와

정희선 변호사

회사가 업무상과실치사 및 산업안전보건법 위반 등으로 기소된 사건에서 부분 무죄 판결을 받았다. 대체로 고액의 벌금형 또는 징역형이 선고되는 사안이나, 법리 측면에서의 변론은 물론 여러 차례 현장을 방문하고 여러 명의 관련자를 면담하여 공소사실의 오류를 드러낼 수 있는 중요한 사실관계를 발견, 효과적으로 재판부에 전달한 노력이 빛을 발한 대표적인 사례다.

이외에도 아이앤에스의 업무파일엔 근로시간 면제자인 버스회사의 노조위원장이 동종 버스운전기사에 비하여 급여가 적다며 차액 임금의 지급을 요구한 사건에서 버스회사를 대리해 원고의 청구를 막아내고, 정년보장교원 임용 추천을 받지 못한 대학교수를 대리해 교원소청심사위로부터 미추천 처분의 취소 결정을 받아내는 등 법리에 대한 전문성과 함께 집요하게 사실관계를 파고들어 의뢰인의 권리를 지킨 다양한 사례가 축적되어 있다.

20년 넘게 '노동 전문' 한길을 걸어온 아이앤에스는 주요 로펌

이동산 변호사
임동채 변호사

의 인사노무 분야에서 활약하는 수많은 변호사가 거쳐간 노동변호사의 산실로도 잘 알려져 있다.

또 2021년 상반기 순서대로 변호사 경력 17년, 13년, 11년의 임동채, 정희선, 이동산 3명의 변호사가 파트너로 승진, 설립자인 조영길 대표와 함께 파트너십을 구성하는 등 부티크 로펌의 조직과 운영에서도 앞서나가고 있다.

"사용자 대리한다고 반노조 아니야"

아이앤에스가 사용자 측을 많이 대리한다고 해서 사용자 측의 이익에 일방적으로 편향되어 있는 것은 아니라는 것이 아이앤에스 변호사들의 확고한 입장이다. 아이앤에스의 한 변호사는 "사용자 측에 자문을 제공한다고 해서 반(反)노조라고 보아서는 곤란하다. 어디까지나 법이 허용한 범위에서 노사가 상생할 수 있는 발전적인 노사관계 구축을 목표로 삼고 있다"고 단호하게 말했다.

실제로 아이앤에스의 변호사들은 탈법적인 수단을 동원하려는 경영자 측과 대립하는 경우가 없지 않다고 한다. 인동체 변호사는 "경영자는 급한 나머지 법률적으로 위험한 수단을 동원하려는 유혹에 빠질 수 있는데, 이를 자제시키려고 언성을 높일 때도 많다"고 했다. 그는 이어 "회사가 먼저 법을 지키게 해야 하고, 또 그래야 나중에 법적 분쟁으로 이어져도 이길 수 있다고 끈질기게 설득한다"고 강조했다.

정리해고를 추진하는 한 기업에 대한 자문에서도, 경영진은 반대했지만 아이앤에스의 변호사들은 해고를 회피하기 위한 마지막 노력으로 노조를 상대로 임금삭감안을 제시하라고 요구해 관철시켰다. 그러나 노조가 임금삭감안을 거절하는 바람에 결국 정리해고로 이어졌고, 나중에 소송이 제기되었으나 회사 측이 승소했다.

조영길 변호사는 "전에 사용자 측을 상대로 매수나 협박 등 법적 위험성이 있는 컨설팅이 적지 않게 행해져 왔다면, 이제는 법을 지키면서 효과적으로 대처하는 합법적인 방향으로 변해야 한다. 이런 역할을 하고, 이런 변화에 기여한다는 생각에 보람을 느낀다"고 말했다.

조 변호사가 오래 전에 집필한 단행본 《노사관계 개선의 바른 길》도 이러한 내용을 담고 있다. 그가 제시하는 노사관계 개선의 해법을 한마디로 얘기하면, '보편적 타당성의 원칙'으로 압축할 수 있다. 경영자든 노조든 각자의 이해관계에 주목해 접근하는 '상대적 당파성의 원칙'을 버리고, 이해관계를 초월한 보편적인 원칙을 찾아 문제를 풀어가야 진정한 개선의 결과를 낼 수 있다는 주장이다. 물론 그가 권고하는 대안은 합법적이고 정당하면서도 효과적인 방안이어야 한다.

적하보험 사건에 능한
'보험 부티크'

법 률 사 무 소 지 현

www.cholee.co.kr

2006년 태풍 에위니아가 남해안을 덮쳤을 때 이스라인 티안진(Easline Tianjin)호가 중국에서 화물을 싣고 부산으로 가다가 여수 앞바다에서 컨테이너 77개가 유실되는 사고를 당했다. 어장 피해 등을 입은 수많은 어민들이 피해배상을 요구하는 가운데 적하보험 사건을 많이 다루는 법률사무소 지현이 유실된 화물의 3분의 2 가량을 맡아 부산지법에서 열린 선주책임제한 신청절차에 참여했다. 국내 보험사뿐만 아니라 중국, 일본 등의 외국 보험사와 보험에 가입하지 않은 무보험 화주까지 대리한 지현은 이 사건에서 상당한 보상을 받아냈다. 지현의 대표를 맡고 있는 조성극 변호사는 "배가 들어오자마자 배의 상태를 확인한 후 선원에 대해 증인신문을 하는 등 증거보전절차를 통해 증거를 미리 확보한 가운데 절차에 참여했다"며 "어민 등 피해 당사자가 복잡하게 얽혀있어 피해배상까지 어려움이 적지 않았다"고 소개했다.

세계 10위권의 무역강국인 한국엔 해상 또는 보험 분야에 특화한 전문변호사, 전문 법률사무소가 많이 활동하고 있다. 조성극 변호사가 지휘하는 지현은 그중에서도 적하보험 분야에 높은 전문성을 갖춘 이른바 보험 부티크라고 할 수 있다. 해난사고 등이 났을 때 화주 또는 화주가 가입한 적하보험사를 대리하는 대리인 명단에서 지현의 이름을 자주 찾을 수 있다.

적하보험사 대리 유명

"우리나라는 삼면이 바다로 둘러쌓여 있지만 선주국가라고만

부를 수도 없어요. 화물 물동량과 선복량이 거의 1대 1의 비율로 비슷해 화주 측 보험변호사의 역할이 매우 중요합니다."

1991년 변호사를 시작, 변호사 경력 32년째인 조 변호사는 적하보험 분야에 특화한 몇 안 되는 변호사 중의 한 사람이다. 김장리 법률사무소를 거쳐 법무법인 충정에서 오래 활동한 후 2002년 부티크 펌인 지현을 차리고 독립, 보험 분야에서 이름을 날리고 있다.

그에 따르면, 적하보험 분야만 해도 법리가 복잡하게 발달해 화주 등 이용자들이 유념해야 할 대목이 적지 않다고 한다. 대표적인 사례가 갑판적 화물(On-deck Cargo)의 문제다. CIF 조건의 수출화물에 있어서 수출자가 운송계약과 적하보험계약을 체결하는데, 이때 전 위험(All Risks) 담보로 적하보험에 가입한 수출자는 문자 그대로 운송 중 모든 위험이 담보되는 것으로 생각하기 십상이다. 그러나 그랬다간 예상치 않은 손실을 볼 수 있다는 게 조 변

조성극 변호사

호사의 의견. 조 변호사는 "통상 적하보험에는 갑판적 약관(On-deck Clause)이 들어 있어 화물이 갑판적 된 경우에는 담보범위가 축소된다"고 지적하고, "기계류와 같이 갑판적의 가능성이 있는 화물은 수출자가 자신의 화물이 어디에 적재되는지 유의해야 함은 물론 만일 갑판적 되었다면 보험사에 이를 알리고 추가보험료를 내야 전 위험 담보가 유지될 수 있다"고 조언했다. 또 항공화물은 사고가 나도 항공운송인의 책임이 운송화물 중량 1kg당 최대 19SDR(1SDR은 미화 1.47달러 정도)로 제한되어 더 이상 배상을 받을 수 없으므로 고가의 화물인 경우 반드시 적하보험에 가입해야 한다고 말했다. 보험료 아끼려다가 사고가 나면 큰 낭패를 볼 수 있다는 것이다.

지현의 업무파일을 들춰 보면, 실제로 예상치 않은 사고로 배상 또는 보상 여부가 다투어진 사례가 하나둘이 아니다.

2012년 초 서울중앙지법에서 1심 판결이 나 확정된 소형 헬기 사고도 그중 하나다. 정기검사를 위해 미국의 헬기 정비회사로 향하는 헬기에 대해 항공적하보험에 가입하고, 헬기를 분해해 미국으로 운송했다. 인천공항에서 샌프란시스코공항까지는 항공운송, 샌프란시스코에서 헬기 정비회사가 있는 콜로라도주까지는 육상운송이었다. 그런데 항공운송 후 곧바로 육상운송을 하지 않고 10여일간 보관한 후 트럭으로 운송하다가 요세미티 국립공원 인근에서 차량이 전복되는 사고가 나 싣고 가던 헬기 부품이 손상됐다. 지현이 보험사인 한화손해보험을 대리해 피보험자인 화주를 상대로 채무부존재확인소송을 냈다. 결과는 보험사 측의 승소. 통상의 운송과정을 벗어난 보관으로서 이러한 보관을 시작할 때에 적하보험기간이 종료되어 항공적하보험으로 담보되지 않는다는 게 법원의 판결 이유다.

쓰나미 피해도 적하보험으로 담보

또 다른 사건은 2011년 3월 일본 동북부 지진 때 일어났다. 일본으로 수출된 화물이 컨테이너에 적입된 상태에서 목적지인 일본의 컨테이너 야드에 보관 중 바다에서 발생한 쓰나미로 인하여 전손(total loss)되는 사고가 나 보험사가 지현에 질의했다. 쟁점은 쓰나미로 인하여 육상에서 발생한 사고가 적하보험으로 부보(負保)되는지 여부. 보험사 측에 답변을 제공한 지현 관계자는 이와 관련, "비록 사고가 육상에서 발생했다고 하더라도 사고의 원인이 바다에서 갑작스럽게 발생한 쓰나미여서 해상고유의 위험(Perils of the Seas)에 해당하므로 적하보험으로 담보된다"고 설명했다.

이외에도 지현의 상담창구엔 2011년 아프리카에서 일어난 시민혁명 와중에 일어난 운송사고에 대한 질의 등 다양한 문의가 이어지고 있다. 수많은 보험상품이 개발되고 있는 가운데 사고의 원인이 천차만별인 보험업계의 사정을 실감할 수 있다.

만일 아프리카 시민군의 활동으로 인하여 이곳으로 수출된 화물이 목적지에 도착하기 전 손상을 입었다면 보험금을 줘야 할까. 지현의 한 변호사는 "이것은 적하에 대한 전쟁보험(Institute War

Clauses)으로 담보되는 것이고, 통상의 적하보험(Institute Cargo Clauses)에선 담보되지 않는다"고 말했다. 그러나 그는 "시민군의 활동에 편승한 일반적인 강도 등의 강탈에 의해 적하의 손상이 발생한 것이라면 원칙적으로 통상의 적하보험으로 담보된다"고 덧붙였다.

지현이 적하보험자 또는 화주를 대리해 해상운송인, 항공운송인, 육상운송인, 복합운송인 등을 상대로 한 화물클레임(Cargo Claim)을 많이 다루고 있으나, 지현의 업무범위가 화물클레임에 한정된 것은 아니다. 지현은 복합운송주선업자들에게도 다양하게 법률자문을 제공하는 한편 화물운송사업자배상책임보험(Cargo Liability Insurance)과 관련해 책임보험자에게도 자문 또는 소송을 대리하고, 통관 관련 문제도 자문한다. 선박보험과 항공보험, 화재보험 등의 분야도 지현이 자주 자문과 소송을 맡는 주요 업무분야들이다.

메로잡이 원양어선의 수리를 우루과이 조선소에 맡겼다가 2010년 8월 수리 도중 화재가 난 사고와 관련, 지현이 선박보험사를 대리해 우루과이 조선소를 상대로 우루과이 현지에서 진행한 소송 사건이 선박보험이 문제 된 대표적인 케이스로 꼽힌다.

지현의 김동현 변호사는 얼마 전부터는 재물보험, 기술보험, 제조물책임보험, 전문인책임보험 등 특종보험과 관련된 사건을 많이 맡고 있다고 소개했다.

지현은 2020년 1월 한 미국인이 한국에서 제조된 와이어로프를 이용해 나무를 뽑다가 로프가 풀리는 바람에 로프에 머리를 맞아 숨진 사고와 관련, 와이어로프 제조사가 제조물책임보험에 든 한국의 한 보험사로부터 유족들이 텍사스 법원에 소송을 제기했으니 대응을 부탁한다는 요청을 받았다. 유족들이 소장에서 요구한 손해배상액은 약 270만 달러. 청구액도 거액이었지만 미국 법원의 배심원(Jury) 제도의 특성상 유가족에 대한 동정심이 한국 제조업체에 매우 불리하게 작용할 가능성이 크고 소송이 오래 진행될수록 한국보다 수준이 더 높은 것으로 알려진 미국변호사에게 지급해야 할 변호사 보수가 크게 증가할 수 있어 지현에선 가성비 높은 합의를 해결방안으로 제시했다. 지현은 미국 로펌과 협업해 합의를 추진, 사고 발생 1년 만인 2021년 2월 50만 달러에 합의하는 것으로 분쟁을 종결했다.

5대양 6대주가 지현의 업무영역

조성극 변호사는 보험사고의 성격상 5대양 6대주가 지현의 업무영역이라고 해도 과언이 아니라며, "외국 로펌, 외국 변호사들과의 활발한 제휴와 네트워크도 지현의 강점 중 하나"라고 강조했다. 업무의 성격상 관련 클레임이 워낙 국제적으로 발생하다 보니 외국 로펌, 외국 변호사와 협력하여 국내외에서 소송 또는 중재 등을 진행할 필요가 있기 때문이다.

지현은 프랑스와 캐나다에서 진행된 제조물책임소송과 관련, 각각 프랑스와 캐나다의 현지 변호사와 협력해 재판 도중 화해해 보험사를 성공적으로 방어했으며, 상해에서 미국의 휴스턴으로 가다가 철강이 손실된 사건에선, 중국의 현지 변호사와 협력해 중국 상해해사법원에 중국 선사를 상대로 소송을 제기하는 것으로 대응했다. 지현은 이 사건에서 보험사를 대리했다.

반대로 한국에서 진행되는 소송과 중재 등의 경우엔 외국 로펌과의 협업 아래 지현의 변호사들이 주축이 되어 사안의 해결에 나서고 있다.

선주가 낸 KCAB 중재 각하시켜

지현은 해상운송 중 화물의 폭발로 인한 화재 사고와 관련하여 한국의 선주가 화주 및 홍콩의 운송주선업자 등을 상대로 대한상사중재원(KCAB)에 제기한 손해배상청구 중재사건에서 홍콩 법률사무소와 함께 피신청인 측을 대리해 해상화물운송장과 운송약관을 면밀히 검토한 결과 '중재합의가 존재하지 않는다'는 항변을 제출해 2021년 4월 KCAB에서 중재 각하 판정을 받아냈다.

또 한국의 유명 조선소에서 건조된 선박에 화물을 선적하던 중 선체 일부분이 구부러지는 사고가 발생하자 선적된 화물의 양하 및 선박 수리를 위한 항해와 관련된 공동해손분담금을 보험금으로 지급한 외국의 적하보험자가 조선소를 상대로 한국 법원에 제기한 구상금 소송에서, 1심에서 전부 패소한 사건을 2심에서 수임하여, 2021년 1월 조선소의 책임을 50%로 낮추는 판결을 받아냈다.

조 변호사 사무실에선 외국 로펌의 의뢰를 받아 사고 관계자들에 대한 조사용역도 제공한다. 석탄을 싣고 러시아를 출발하여 일본으로 항해 중이던 선박이 악천후를 만나 선박이 침몰하고 우리나라 해경이 출동하여 선원들을 구조한 사고와 관련, 지현에선 일본의 적하보험자를 대리한 일본 법률사무소의 요청으로, 한국의 해상 검정인(marine surveyor)과 함께 사고 직후 한국에 머물고 있던 베트남 국적의 선장과 선원들을 직접 만나 사고 당시 상황에 대하여 인터뷰를 실시했다. 선박의 침몰 원인 및 선박의 감항성 여부 등의 판단을 위한 자료를 일본의 적하보험자에게 제공, 사고 해결에 보탬이 되게 한 것으로 베트남어 통역을 대동했다.

"해상 및 보험 분야는 사고가 났을 때 준거법이 어느 나라 법이고, 어느 나라 법원에서 재판을 해야 하는지 관할을 정하는 문제가 매우 중요해요."

조성극 변호사는 "지현은 전 세계의 로펌, 변호사들과 24시간 연계체계를 갖추고 사고마다 가장 유리한 관할과 준거법을 찾아 효과적으로 대응에 나서고 있다"고 보험 부티크 지현의 전문성과 국제역량을 다시 한 번 강조했다.

'보험약관의 공정한 해석' 강조하는 법률사무소 지현

　조성극 변호사가 이끄는 법률사무소 지현은 2명의 외국변호사를 포함해 모두 7명의 변호사가 포진하고 있다. 큰 규모는 아니지만, 보험사건을 많이 다루는 보험 부티크 중에선 변호사 수가 적은 것이 아니다.

　대표를 맡은 조 변호사는 특히 보험 분야만 30년 넘게 다뤄 온 베테랑으로, 제26회 사법시험 합격 후 변호사로 활동하며 영국 웨일즈의 카디프대에서 해상법을 공부하고, 법무부의 상법(보험편) 개정 특별위원회 위원을 역임했다. 얼마 전부터는 대한상사중재원 중재인으로 활동하고 있다.

　지현은 이른바 '구조 없으면 보수 없다(no cure no pay)'는 원칙이 통용되는 적하보험 분야에서 윤리적인 측면을 많이 강조하는 로펌으로 잘 알려져 있다. 지현 내에서도 소송 사건을 많이 처리하는 김동현 변호사는 "일종의 투기 식으로 소송에 나섰다간 당사자가 소송비용만 날릴 수 있다"며, "정확한 분석과 손익비교를 통해 적절한 전략을 수립해 대응하라고 의뢰인들에게 제안한다"고 말했다. 'no cure no pay'라고 해서 '밑져야 본전'이라는 식으로 소송을 해서는 곤란하다는 것이다.

　조성극 변호사는 또 "의뢰인의 이익만을 위해 보험약관을 해석하는 게 아니라 문제가 된 보험, 보험약관이 어떤 위험을 어떻게 담보하려는 것이었나를 따져 공정한 접근, 공평한 해결을 추구한다"고 강조하고, "그렇게 해야 궁극적으로 의뢰인에게 도움이 된다"고 말했다.

　'no cure no pay' 원칙이란 보험사를 대리하는 구상금 청구소송 등에서 이겨 구상금을 받아내야 변호사 보수를 청구할 수 있다는 내용인데, 영연방 국가를 제외한 대부분의 나라에서 특히 적하보험 변호사들에게 이 원칙이 통용된다. 물론 이 경우에도 인지대나 송달료, 변호사의 출장비 등 실비는 당사자가 부담한다.

지현 관계자는 그러나 승소 가능성이 낮은데도 당사자가 소송을 제기해 달라고 요청하면 착수금 중 일부(retaining fee)를 미리 받고 사건을 수임한 후 나중에 이기면 정산한다고 말했다. 소송에 져도 돌려주지 않는 돈이다.

외국의 한 유명 법률잡지는 지현의 이러한 업무 자세에 주목하고, '추천할만한 업무윤리(commendable work ethic)'로 칭찬받고 있다고 평가했다.

'스타트업 자문 1호'

법무법인 세움

SEUM
법무법인 세움

www.seumlaw.com

블룸버그가 집계한 거래건수 기준 2021년 자문순위 5위, 2022년 상반기 누적 M&A 자문 2위, 여러 대형 로펌들도 제친 이 로펌이 어디일까? 2012년 7월 문을 열어 스타트업 회사들에 대한 자문에서 두각을 나타내고 있는 법무법인 세움이 주인공이다. 세움은 2022년 상반기 66건, 9억 9,400만 달러 규모의 거래에 자문했다.

10년 전 법무법인 세종에서 근무하던 정호석 변호사와 법무법인 태평양의 이병일 변호사가 의기투합해 스타트업 자문을 표방하며 법률자문을 시작했을 때 세움 자체도 하나의 스타트업 법률사무소였다고 할 수 있다. 그러나 설립 10년을 맞은 세움은 대형 로펌과 리그테이블 윗자리에 함께 이름을 올릴 정도로 M&A와 TMT 등의 분야에서 명성을 날리고 있다.

무엇보다도 IT 기업 등 스타트업에 대한 깊은 이해와 회사가 처한 상황에 맞춰 탁월한 솔루션을 제시하는 전문성이 세움의 초고속 성장을 이끈 원동력으로 풀이된다.

세움의 대표를 맡고 있는 정호석 변호사는 서울과학고, 서울공대를 졸업한 공학도 출신 변호사로, 2009년 사법연수원을 마친 그는 법무법인 세종에서 변호사 생활을 시작했다. 그러나 세종 입사 3년 만에 사법시험 공부를 같이 했던 이병일 변호사와 세움을 설립하고 본격적인 스타트업 자문을 시작했다.

"세종에서 근무할 때 고등학교 후배가 엔젤투자를 부탁하며 찾아온 적이 있는데 이거다 싶었죠. 당시 돈만 조금 투자하고 그 회사에 직접 자문하지는 않았는데, 변호사인 제가 조금만 도움을 주면 이런 회사들이 정말 커질 수 있겠다는 생각이 들더라고요. 변호사가 기여할 수 있는 자문수요도 상당해 보였고요."

구로디지털단지에서 시작

정 변호사와 이병일 변호사는 세종과 태평양이 위치한 다운타운을 떠나 구로디지털단지로 향했다. 지금은 서울 강남의 테헤란로에 세움이 자리 잡고 있지만, 정 변호사와 이 변호사는 스타트업이 많은 구로디지털단지에서 세움을 시작했다. 철저하게 고객이 있는 현장으로 파고든 것이다.

또 정 변호사는 M&A 등 기업자문과 IT 기업이나 블록체인 등에 대한 자문에 밝고, 서울대 법대 출신의 이 변호사는 인사노무와 경영권 분쟁, 지식재산권 분쟁 등 분쟁업무에 경험이 많아 두 설립자의 역할 분담이 세움이 초기부터 발 빠르게 고객을 확보하고 업무를 개척하는 데 큰 도움이 되었다.

정호석 변호사
이병일 변호사

정호석 변호사는 "세움은 스타트업을 상대로 제대로 된 법률서비스를 해보자는 뜻을 모아 만든 최초의 스타트업 전문 로펌"이라며 "의견을 주는 데서 끝나지 않고 마치 고객사의 사내변호사인양 자문한 내용이 현실적으로 구현되도록 집행까지 체크하며 적극적으로 자문한 게 주효한 것 같다"고 말했다.

실리콘밸리의 유명 VC(벤처캐피탈)이자 액셀러레이터인 500스타트업(500 startups)이 한국에 일명 김치 펀드를 설립하고, 이 펀드를 통해 한국의 스타트업 7군데에 투자하는 업무를 모두 대리해 수행하는 등 세움은 스타트업들 사이에서 돌풍을 일으켰다. 세움은 2015년 12월 500스타트업과 공동으로 '한국의 스타트업들이 초기 투자 단계에서 사용할 수 있는 무료 양식'을 만들어 배포하기도 했다.

스타트업 투자 대기업으로 자문 대상 넓혀

최근에도 B2B 식자재 유통 플랫폼 스타트업인 '마켓보로'를 대리

변승규 변호사
윤정옥 변호사

해 데일리푸드홀딩스로부터 150억원 규모의 투자를 유치하는 거래를 성공적으로 수행하고, 네이버가, 동대문 도매사업자와 전국의 의류 소매사업자를 연결하는 플랫폼인 신상마켓을 운영하는 '딜리셔스'에 70억원을 투자하는 거래에서 딜리셔스를 대리하는 등 의미 있는 자문 사례가 이어지고 있다.

세움이 대리해 시리즈 A 투자를 성사시킨 스타트업 중엔 이사 중개 플랫폼인 '짐싸', 장거리 승객이 동승할 경우엔 운임을 최대 50% 할인해주는 반반택시를 운영하는 '코나투스', B2B 핀테크 스타트업인 '스팬딧', 색조화장품 hince 운영사인 '비바웨이브', 데이터 개인정보 비식별화 스타트업인 '딥핑소스' 등 다양한 업종의 스타트업이 포함되어 있다.

당근마켓의 시리즈D 투자, 퓨리오사AI의 800억원 규모의 시리즈 B 투자, 자비스앤빌런즈의 시리즈B 투자유치 등도 세움이 관여한 투자유치 사례들이며, 세움은 땅스플로우가 크래프톤에 인수되는 거래와 관련해서도 자문했다. 또 투자사를 대리한 투자 자문의 경우 PEF인 알파비스타인베스트먼트의 스포츠의류 브랜드 스파이더 인수, 크로스로드파트너스가 아이랩, 매드업 투자에 참여하는 거래, 파라투스인베스트먼트가 성원자동기계를 인수하는 거래에 자문하고, 블록체인 전문 투자사인 해시드가 업라이즈, 에디트콜렉티브 등에 투자하는 거래도 수행했다.

세움 M&A팀은 스타트업에 대한 자문에서 신사업 발굴을 위해 스타트업 투자 또는 인수합병에 나서는 여러 대기업으로 자문 대상을 넓히고 있다. 하이트진로, 신세계아이앤씨, 네이버 등이 세움에 자문을 맡긴 대표적인 고객들로, 세움은 하이트진로가 B2B 소프트웨어 개발사인 스페이스리버와 스마트팜 솔루션 스타트업인 퍼밋에 투자하는 거래, HMR(가정간편식) 스타트업인 '아빠컴퍼니', '식탁이있는삶'에 지분을 투자하는 거래에서 하이트진로에 자문하고, 네이버의 루나소프트, 아워박스, SM 투자에선 네이버를 대리했다. 하이트진로의 아빠컴퍼니 투자는 하이트진로가 주류업계 최초로 법인형 엔젤투자자로 참여한 의미 있는 거래였다.

'세움은 사내변호사처럼 뛴다'

세움 관계자는 세움의 스타트업 전문성과 관련, "일률적으로 업무를 처리하지 않고 고객사와 밀착한 충분하면서도 신속한 의사소통을 통한 유연한 업무 처리방식이 좋은 평가를 받고 있다"며 "법무팀을 갖추지 않은 기업들로부터 '세움은 마치 사내변호사처럼 뛴다'는 말도 자주 듣는다"고 소개했다.

세움은 스타트업에 대한 투자 자문과 함께 스타트업의 성장에 따른 창업자와 투자자, 창업자들 사이의 다양한 분쟁 케이스로 자문범위를 확대하며 활약하고 있다. 또 수년 전 봇물을 이루었던 암호화폐 해외 ICO와 블록체인 관련 자문, 한국 의료기관의 해외진출과 관련한 자문 등 갈수록 영역을 확대하고 있다.

정호석 변호사는 "회사 설립과 사업모델 검토, 엔젤투자 등 초기 단계의 투자유치는 물론 M&A와 IPO, 분쟁해결까지 원스톱으로 스타트업의 성장과 발전을 도우려고 한다"며 "미국 실리콘밸리의 윌슨 산시니(Wilson Sonsini)처럼 되는 게 목표"라고 의욕을 나타냈다.

세움의 활약은 해외에도 알려져 세움은 법률매체 asialaw로부터 Tech 분야 'Highly Recommended Firm'으로 선정되고, IFLR에선 M&A 분야 '우수 로펌'에 이름을 올렸다.

세움은 2021년 4월 김앤장 출신의 윤경민 변리사 등이 주축을 이룬 특허법인 세움을 설립, 특허법인 세움과의 협업을 통해 IP 분야의 역량을 강화한 데 이어 세종의 기업법무 파트에서 10년 넘게 경력을 쌓은 윤정옥 변호사를 영입, 핀테크(Fintech)와 P2P 산업 관련 스타트업, 외국환을 포함한 금융거래 등에 대한 자문역량을 확대했다. 윤 변호사는 두 차례에 걸쳐 KDB산업은행 법무실과 뉴욕지점에 파견근무하기도 한 보험 등 금융 전문가로, 윤 변호사의 합류로 세움의 변호사는 2022년 7월 현재 외국변호사를 포함 모두 21명으로 늘어났다.

공정거래·노동·부동산 이어
송무로 확대

법 무 법 인 이 제

www.ejelaw.com

2015년 3월 출범한 법무법인 이제는 한국 로펌 업계에서 몇 가지 의미 있는 이정표를 세운 중견 로펌 중 한 곳으로 자주 얘기된다. 김앤장에서 10년 이상 경험을 쌓은 권국현, 김관하, 유정훈 3명의 중견변호사가 함께 주춧돌을 놓은, 김앤장 출신이 주도하는 로펌이라는 점이 그중 하나이고, 공정거래, 노동, 부동산과 금융, M&A 등 기업활동에 중요한 핵심 업무분야에 특화해 기업법무 전문 로펌으로서 탄탄한 기반을 구축했다는 고무적인 평가를 받고 있다.

특히 권국현 변호사와 공정거래위원회 카르텔조사국 과장을 끝으로 2021년 가을 이제에 합류한 이정원 변호사가 포진하고 있는 공정거래 분야는 부티크 로펌에서도 성공적으로 공정거래 업무를 수행할 수 있다는 '부티크 로펌의 공정거래 시대'를 연 로펌으로 주목받고 있다. 대형 로펌의 도움을 받기 어려운 중소 업체들의 신고사건과 대기업과의 협상, 송무사건에서 꾸준히 좋은 성과를 내고 있다.

권국현 변호사
김관하 변호사

'공정거래 부티크 시대' 열어

이제 공정거래팀은 2022년 초 유명 의료기기 회사의 대리점들을 대리하여 본사와 대등한 협력관계를 구축할 수 있도록 자문을 제공했으며, 대기업 계열회사 사이의 거래기준을 마련하는 컨설팅 업무도 수행했다.

또 자동차 부품회사 담합사건에서 과징금 168억원을 전부 취소 받는 대법원 확정판결을 받아내고 전문광산피해방지사업자를 대리해 8.15 광복절 특별사면조치 대상에 건설업체뿐만 아니라 광해방지업체도 포함시켜야 한다는, 그래서 입찰참가자격 제한처분을 취소해야 한다는 판결을 받아냈다.

특히 대리점법과 공정거래법 위반을 주장하며 국내 대리점이 글로벌 제조업체를 상대로 제기한 공정거래조정원 조정사건에서 대리점 업체를 대리하여 상당한 규모의 조정을 이끌어내고, 해외 납품업자를 대리하여 국내 대규모유통업자를 상대로 대규모유통

유정훈 변호사
김현호 변호사

업법 위반을 이유로 공정거래조정원 조정신청을 수행, 조정에 성공하는 등 조정 사건에서 두각을 나타내고 있다. 조정으로 해결한 사건들은 비록 해외의 명품업체라고 하더라도 국내에서 이루어지는 거래에는 대규모유통업법이 적용되어야 함을 법리적으로 설득하여 상대방으로부터 조정의견을 이끌어 낸 매우 드문 케이스로, 이제 관계자는 "두 사건 모두 본격적인 위법행위 신고나 민사소송 제기 대신 조정으로 해결되어 한층 보람을 느낀 사안들"이라고 의미를 부여했다.

이제는 주한미군에서 화물운송을 담당하는 업체들을 대리해 부당한 공동행위 위반 사건을 수행해 공정위에서 모든 업체에 대해 과징금을 면제하고 시정명령만으로 사건을 종결짓는 성공적인 결과를 이끌어냈으며, 세계 최초의 헤리티지 문화유산에 대한 NFT 발행으로 화제가 되었던 훈민정음 NFT 프로젝트에 참여하기도 했다. 전체 사업규모가 100억원에 이르는 NFT 프로젝트에서 이제는 발행인, 문화재 소장인, 판매대행인, 컨설팅업체, 원본 보증인 등 다수 당사자들이 관여하고 있고 선례가 전혀 없는 사안이지만 새로운 자산에 대한 복잡한 법률관계를 말끔하게 정리하고, 훈민정음 NFT가 성공적으로 발행되도록 기여했다.

김관하 변호사가 이끄는 노동팀에서도 대형회계법인의 파트너를 대리해 해임무효 소송에서 승소하고, 유명 지상파 방송사와 프리랜서 업무 위임계약을 맺고 활동한 아나운서를 대리해 근로자성 인정과 함께 입사 5년 뒤의 계약기간 만료가 부당해고에 해당

한다는 판결을 받아내는 등 승소 사례가 이어지고 있다. 국민의힘 중앙윤리위원장을 역임한 김 변호사는 주52시간 근로시간제 시행을 앞 둔 외국계 금융투자회사에 자문하여 2020년 1월부터 노사합의를 통하여 해당 회사에 적합한 유연근무제를 도입할 수 있도록 성공적으로 자문하기도 했다.

소수주주 제안 감사 선임 관철

유정훈 변호사는 M&A와 기업금융, 부동산 등이 주요 업무분야다. 프랑스 화장품 회사의 국내 자회사 합병과 국내 식품 유통업체 인수, 해외 펀드의 국내 상조회사 지분 투자와 관련해 자문했으며, 2022년 2월엔 SM엔터테인먼트의 정기주주총회에서 소수주주의 감사 선임에 관한 주주제안권 행사를 대리하여 결국 소수주주가 제안한 감사가 선임되도록 자문, 자본시장 관계자들로부터 주목을 받았다. 주주제안 및 감사 선임시 3%룰 적용을 통해 소수주주 추천 후보자가 상장회사 감사로 선임된 선도적 사례로, 상장회사의 경영 투명성 제고, 소수주주의 권리 확보라는 점에서 의미 있는 사례다.

또 한국거래소에 상장된 홍콩 법인에 지속적으로 자문하며 양국의 규제가 중첩적으로 적용되는데 따른 복잡한 법률문제를 해결하고, 상장예비심사를 앞둔 콘텐츠 기업의 기업지배구조 및 상장 관련 제반 법률문제에 대해 자문하는 등 업무영역을 확대하고 있다. 2021년 10월 자본시장법 개정으로 허용된 PEF의 대출형

펀드를 통한 대출거래 또한 유 변호사가 능력을 발휘하는 분야로, e커머스 브랜드 인수를 목적으로 하는 기업이 PEF로부터 대출을 받는 거래에서 차주에 자문했다.

유정훈 변호사는 뉴욕주 변호사 자격도 갖추고 있는 김지현 변호사와 함께 The Law Reviews가 발행하는 The Real Estate M&A and Private Equity Review(6th Edition) 중 한국 섹션을 집필하기도 했다.

이제는 2020년 2월 약 5년간 둥지를 틀었던 서울 삼성동을 떠나 김앤장과 법무법인 광장, 태평양 등 전통적으로 많은 로펌이 위치하고 있는 서울 종로로 사무실을 이전하고 새 CI를 선보였다. 또 한 번 도약에 시동을 건 것으로, 사무실 이전을 전후해 중견 변호사들이 합류하고 업무분야가 확대되는 등 발전적인 모습이 감지되고 있다.

송무·IT 전문가 합류

이제엔 2021년 3월 대법원 재판연구관, 영월지원장 등을 역임한 김문성 전 의정부지법 부장판사가 합류한 데 이어 2022년 3월 대법원 재판연구관(형사와 노동조), 서울고법 형사부 재판장 등을 역임한 조은래 전 부장판사, 이종환 전 서울행정법원 부장판사가 합류하는 등 최근 들어 송무팀이 부쩍 강화되고 있다.

또 2021년 초 KT 법무팀장을 역임하고 김앤장에서 오랫동안 활동한 김현호 변호사가 합류, 이제의 업무영역이 IT·방송 분야까지 확대되었다.

김현호 변호사는 얼마 전 기업통신서비스를 이용하는 의료법인과 통신사업자와의 요금분쟁에서 금지행위 위반 신고 및 통신분쟁 조정절차 등 대안적 분쟁해결 수단을 통해 억대의 통신요금 중 90%를 감액받는 성공적인 결과를 이끌어냈다.

이제엔 김앤장과 광장, 율촌 등에서 근무한 상당한 경력의 외국 변호사들도 여러 명 포진하고 있다. 2022년 7월 이제의 전체 변호사는 외국변호사를 합쳐 모두 19명. 설립 당시와 비교해 약 세 배 규모로 커진 것이다.

'Band 1' 해상 부티크

법무법인 선율

MOON & SONG
法務法人 鮮律

www.moonsonglaw.com

2019년 2월 러시아 선박인 SEA GRAND호가 부산 용호부두에서 출항하던 중 근처의 요트 2척과 충돌하고, 이후 다시 광안대교와 충돌하는 사고가 나 여러 측면에서 큰 뉴스가 되었다. 사고를 낸 러시아 선박에 법적 자문을 제공한 로펌이 어디일까. 해상법 분야의 리그테이블에서 'Band 1'의 경쟁력을 자랑하는 법무법인 선율이 러시아 선주 측을 대리해 부산지방법원에서 진행된 선장에 대한 형사절차, 부산해양안전심판원의 해심절차를 수행하고, 광안대교 손상에 대해서는 부산시와, 요트 손상에 대해서는 요트 선주와 사이에 우호적인 보상 합의를 이끌어냈다.

 이에 앞서 2018년 5월 인천항에서 수출용 중고차를 선적하던 Auto Banner호에서 화재가 나 연소되어 전손처리된 사건에서 선율은 용선자인 H선사를 대리해 각종 형사·해심 절차에 참가하였음은 물론 이후 영국 런던에서 진행 중인 중재절차에서 국내법적 쟁점에 대해 법률자문을 진행했다.

 선율은 해상법 자문 경력만 20년이 넘는 문광명 변호사가 주축이 되어 2006년 설립한 해상 전문 로펌으로, 용선 계약 등 계약분쟁(Dry case)과 선박건조계약, 선원분쟁은 물론 해난사고(Wet case) 해결에서 탁월한 전문성을 발휘하고 있다. 서울대 노어노문학과를 나와 제38회 사법시험에 합격한 문 변호사는 1999년 해상 부티크로 유명한 법무법인 세경에서 변호사 생활을 시작했다. 세경에서 7년간 해상변호사로 다양한 경험을 쌓은 후 같은 해상 부티크인 선율을 설립해 세경과 함께 가장 성공한 해상법 전문 로펌으로 발전시킨 주인공이다. 문 변호사는 미 텍사스의 오스틴(Austin) 로스쿨에서 LLM을 하고 고려대에서 법학박사 학위를 받았다.

선율이 수행한 한두 케이스를 더 소개하면, 2020년 4월 6일 15만톤의 컨테이너선인 Milano Bridge호가 부산신항만터미널로 입항하던 중 8번 선석, 85번 갠트리크레인과 충돌한 후 인근의 81~84번 크레인, Seaspan Ganges호와 연이어 충돌한 사고에서 선율은 Milano Bridge호의 P&I 보험자인 Japan P&I Club의 대리인으로 선임되어 초기의 사고조사, 법률검토를 진행하였고, Milano Bridge호를 대리하여 창원지방법원에서 선박 소유자 책임제한절차 개시결정을 받아냈다. 또 SK Spica호와 SK Serenity호에서 도입한 한국형 LNG선 화물창 KC-1의 하자와 관련한 대형 분쟁에선 화물창의 공동개발사 중 한 곳인 한국가스공사를 대리해 소송을 수행 중에 있다.

광산시설 분쟁, 헬기사고 구상도 해결

높은 전문성을 인정받고 있는 선율의 업무영역은 광산시설 분쟁, 헬기사고까지 확대되고 있다. 선율은 캐나다 광산에서 발생한 하역시설 사고로 인하여 석탄매도인이 매수인에게 석탄을 제대로 공급할 수 없어 일어난 대한상사중재원 중재에서 매도인 측을 지원해 원만하게 합의로 종결했으며, 헬리콥터가 운항 중 추락하여 발생한 사고와 관련하여, 헬리콥터 기체의 보험자가 엔진 결함을 이유로 캐나다의 엔진 제작 업체를 상대로 구상 청구를 한 사안에선 헬리콥터 기체 보험사를 대리해 협상을 진행한 끝에 2020년 5월 캐나다 엔진 제조업체와의 합의를 성공적으로 이끌어냈다. 헬리콥터 사고 케이스는 해외 엔진 제조업체를 상대로 제조물책임법에 따른 책임을 추궁하여 구상에 성공한 의미 있는 사례다.

이외에도 선율은, 선박에 설치하는 소방시설 및 소화약재를 제조하는 회사가 유럽기국의 60여척의 선박에 소방제품을 납품했다가 리콜을 하게 되자 인증 오류를 주장하며 한국선급을 상대로 손해배상을 청구한 소송에서 한국선급을 대리하여 성공적으로 방어하고, 코로나19로 인한 터미널의 폐쇄, 계약의 불이행과 관련히여 선주의 불가항력, '불안전한 항구(unsafe port)'의 항변에 기한 면책 가능성 등에 대한 여러 자문과 선주를 대리한 중재절차를 진행하는 등 가장 성공한 해상 부티크 중 한 곳으로서 많은 승소 사례를 축적하고 있다.

선율은 최근 들어 새로운 유형의 사건으로 업무영역을 더욱 확대하고 있다. 컨테이너 선사의 한국-동남아노선 운임 담합 사건에서 부티크 해상로펌 중에서는 유일하게 국내 선사를 대리하여 공정위 절차를 대리했음은 물론 공정위의 과징금 부과에 이의신청을 제기, 과징금 일부 감액 결정을 받아냈다.

또 저당권 실행으로 국내 항구에서 압류된 외국 선박에 대해 경매가 개시되자 이 선박에 연료유를 공급하였던 용선자를 대리하여 해당 연료유에 대한 점유이전금지 가처분 결정을 받아낸 곳도 선율로, 국내에서 연료유 집행에 성공한 최초의 사례이자 정기

용선계약에 따라 선박에 연료유를 공급한 용선자 회사들의 구제에 도움이 될 수 있는 선례가 된 사건이다.

대북제재 석탄 압류사건 수행

UN과 미국의 대북제재에 따른 러시아산 석탄 압류사건도 선율의 문광명 변호사팀이 나서 해결한 사례로 관련 업계에서 높은 주목을 받았다. 본사가 스위스에 있는 러시아 자회사가 러시아산 석탄 1만 8,000t을 나홋카 지역의 리바디아 항구에서 수출하여 울산항으로 수입되었으나 북한산 석탄으로 의심되어 울산관세청에 의해 압류되었던 사건이다. 러시아 자회사의 변호인으로 선임된 문 변호사는 서울본부세관의 조사에 참여하고, 원산지 증명 등을 통해 수출된 석탄이 북한산이 아님을 소명, 러시아산이 맞다는 판정을 이끌어냈다. 화물에 대한 압류를 조기에 해소하고, 관세법 위반이 아니라는 무혐의 결정을 받아냈다.

문광명 변호사

문광명, 이상화, 송헌 트리오 유명

설립 17년째를 맞은 선율엔 문광명 대표에 이어 같은 해상 전문의 이상화, 송헌 두 파트너가 후배들을 지휘하는 가운데 모두 8명의 변호사가 포진하고 있다. 해상법에 특화한 부티크 로펌으로선 작지 않은 규모다.

이상화, 송헌 변호사도 사법연수원 수료 후 처음부터 해상 전문을 지향한 해상법 전문가들로, 두 변호사 모두 영국의 사우스햄튼대에서 해상법을 공부했다.

서울대 법대를 나와 제48회 사법시험에 합격한 이상화 변호사는 Auto Banner호 화재사건, 러시아 선박 SEA GRAND호의 광안대교 충돌사건을 맡아 성공적으로 처리했으며, 법무법인 세경에 근무할 때 국제유류오염보상기금(IOPC)을 대리하여 허베이 스피리트호 유류오염사고 소송을 수행했다.

송헌 변호사도 허베이 스피리트호 유류오염사고에서 활약하고,

이상화 변호사
송헌 변호사

한국형 LNG선 화물창 분쟁에서 주도적으로 소송을 수행하고 있다. 송 변호사는 특히 2020년 선원의 코로나19 확진으로 컨테이너선의 운항 스케줄에 차질이 생겨 발생한 화물 클레임 등과 관련해 자문하고, 국내 입항 외국 선박 선원들의 검역법 위반으로 개시된 형사절차에서 외국 선박 측을 대리하여 무혐의 결정을 받아냈다. 송 변호사는 과학고, 서울대 기계공학부를 나와 사법시험에 합격한 공학도 출신 변호사다.

선박 충돌이나 화재, 위험물 폭발 등 해난사고는 여러 이해관계인들 간에 다양한 이슈가 얽혀 있고 준거법이 외국법이 되는 경우도 많아 국내 판례는 물론 외국의 판례와 실무례도 꿰뚫고 있어야 정확한 자문과 사건 해결이 가능한 영역으로 통한다. 해상 전문 선율이 바로 그러한 로펌으로, 선율은 각각의 케이스에 맞는 적절한 솔루션을 제공한다는 평을 듣고 있다.

동남아 떠도는 폐기물 적체 분쟁 단골 해결사

 법무법인 선율이 수행한 새로운 유형의 분쟁으로 폐기물 적체로 인한 분쟁이 주목된다. 환경문제의 부각으로 폐기물 규제가 국제적으로 강화되면서 과거엔 국내 폐기물을 동남아로 이동시켜 처리하는 경우가 많았지만, 최근에는 동남아 국가들 역시 폐기물 반입을 엄격히 규제하면서 화물을 반송시키거나 심지어 폐기물 운송 선박을 억류하는 사례가 발생하고 있는 것. 이 경우 계약상 화주는 자력이 없는 경우가 많고, 따라서 배후의 실화주가 협조하지 않으면 폐기물이 장기간 선박에 방치되어 운송인에게 막대한 불가동 손실이 발생하게 된다.
 선율에선 폐기물인줄 모르고 선박에 선적한 벌크선 선주를 대리하여 배후에 있는 실제 화주인 대기업을 상대로 폐기물을 직접 수거하여 가라는 가처분을 받아낸 데 이어 손해배상소송을 내 합의로 종결했으며, 수출입계약 파기로 1,000여 대의 컨테이너가 선적항에서 장기 적체된 사안에서도, 컨테이너 운영 선사를 대리하여 실화주를 상대로 "화물을 인도하여 가라"는 가처분 신청을 내 승소했다.
 송헌 변호사는 "폐기물을 선적했다가 제때 처리되지 않으면 짧게는 3개월 길게는 1년 이상 불가동 손실을 입게 된다"며 "폐기물 선적에 책임이 있는 배후의 대기업 또는 지방자치단체를 찾아내는 것이 문제 해결의 지름길"이라고 말했다.

'국제중재 · M&A 전문'

법 무 법 인   KL 파 트 너 스

KL PARTNERS

www.klpartners.com

법무법인 KL 파트너스는 2015년 가을 문을 열었다. 법무법인 세종에서 오랫동안 경험을 쌓은 국제중재 전문의 김범수, 이은녕 변호사와 M&A 자문 등 회사법 변호사로 이름을 날린 이성훈 변호사가 함께 깃발을 들었다. 당시 창립멤버 중엔 세종에서 같이 근무한 김준민 뉴욕주 변호사도 있었지만, 그는 2020년 초 KL 파트너스를 나와 다른 길을 걷고 있다.

KL 파트너스는 2015년 출범 당시 전문분야로 국제중재와 M&A 두 분야를 내걸어 그 점에서도 주목을 받았다. 그때까지만 해도 대형 로펌 출신 변호사들이 독립해 작은 로펌 즉, 부티크를 운영할 경우 자신이 오랫동안 자문해온 특정 전문분야의 서비스를 표방하는 것이 보통이었다.

이에 비해 KL 파트너스는 기업법무의 꽃이라고 할 수 있는 Corporate and M&A와 국제상사분쟁의 인기 있는 해결방식으로 각광을 받고 있는 국제중재 두 개의 전문분야를 나란히 내걸고 순서대로 국제중재와 M&A 분야에서 뛰어난 역량을 발휘해온 김범수, 이성훈 두 명의 파트너가 주축이 된 쌍두마차로 출발했다. 각각의 업무분야에서 파생되는 시너지를 겨냥하고 어소시에이트 변호사의 충원과 새로 로펌을 운영하는 데 따른 비용문제 등을 고려한 포석으로 풀이할 수 있는데, KL 파트너스가 성공궤도에 진입하는 데는 긴 시간이 걸리지 않았다.

김범수 대표변호사는 출범 당시, M&A 이후 발생하는 매도, 매수인간의 분쟁, 즉 포스트(post) M&A 분쟁의 효과적인 처리 등

두 업무분야 사이에 시너지가 적지 않을 것이라고 말한 적이 있다. 그의 표현대로 두 업무분야가 경쟁적으로 다른 업무분야를 끌어주고 시너지를 내며 KL 파트너스가 '국제중재 부티크'이자 'M&A 부티크'로서 발전을 거듭하고 있다.

복수의 업무분야 내건 '혼합형 부티크'

복수의 업무분야를 내건 '혼합형 부티크' 얘기를 좀 더 하자면, KL 파트너스 이후 대형 로펌에서 경험을 쌓은 서로 다른 전공의 중견 파트너들이 각각의 전문분야를 유지하며 함께 중소 로펌을 세워 시너지를 도모하는 다양한 시도가 성공적으로 이어지고 있다. 대학병원의 전문의 여러 명이 복수의 전문 클리닉을 갖춘 중소 병원을 차린 셈인데, 클라이언트 입장에서도 전문 클리닉의 숫자만큼 원스톱 서비스가 가능하다는 이점이 있다. 한국 법률시장은 이 점에서도 수요가 다양하고 매우 다층적인 모습으로 발

김범수 변호사
이은녕 변호사

전 중에 있다고 할 수 있다. 대형, 중형 로펌과 함께 특정 분야에 특화한 단독 부티크와 복수의 전문분야를 내건 혼합형 부티크 등 법률사무소 형태가 갈수록 다양해지고 있다.

KL 파트너스는 설립 3년 후인 2018년 연매출 100억원 이상을 돌파하며 여러 부티크 중 가장 먼저 '퇴직공직자 취업제한 로펌'으로 선정된 데 이어 거듭 매출 증가세가 이어지고 있다. 변호사도 꾸준히 늘어 2022년 7월 현재 설립 당시의 약 7배에 해당하는 국내외 변호사 27명의 규모로 커졌다. 국제중재, 코퍼릿 M&A 어느 쪽이 먼저라고 부르기 어려울 정도로 두 분야가 빠른 속도로 성장해왔다.

먼저 국제중재 분야는 김범수, 이은녕 변호사와 김준민 미국변호사로 이어지는 세종의 국제중재 트리오가 한꺼번에 KL 파트너스로 옮겨왔다고 해 처음부터 뜨거운 스포트라이트를 받았다. 국제중재 업무는 KL 파트너스가 등장하기 전 만해도 김앤장, 법무법인 태평양, 광장과 법무법인 세종, 율촌 등 몇 안 되는 대형 로펌 위주로 리그테이블이 형성되어 있어 KL 파트너스의 등장은 국제중재 수행 로펌의 추가라는 점에서도 의미가 작지 않았다. 다른 분야도 사정이 비슷하지만, 소수의 메이저 로펌이 시장을 과점하고 있어 이해관계 충돌(Conflict of Interests)을 피해 막상 사건을 맡길 수 있는 로펌이 그렇게 많지 않다는 한국 로펌 업계의 현실적인 사정이 KL 파트너스가 초기에 시장에 안착하는 촉진제로 작용한 것이다. 이해관계 충돌이란 사건 당사자와 이해관계가 충돌하는 다른 기업에 자문하고 있거나 소송 등을 대리하고 있다면 그 당사자를 대리할 수 없다는 로펌 업계의 불문율로, 글로벌 기업 등 대기업을 대리하는 대형 로펌들 사이에선 지속적으로 자문하는 기업과 사업상 경쟁관계에 있는 기업의 사건도 맡지 않는 식으로 이해관계 충돌 회피의 범위가 확산되는 측면도 있다.

"공급 사이드 틈 메워보자"

KL 파트너스의 출범에 주춧돌을 놓은 김범수 대표변호사도 "국제분쟁 사건이 늘고 있으나 전문성을 갖추고 효과적으로 자문할 수 있는 로펌이 국내에는 그렇게 많지 않다. 사건에 따라 이해관계 충돌 회피의 법리를 적용하면 로펌 선택의 범위는 더욱 줄어들 게 된다"고 말한 적이 있다. 그는 이어 "한국 법률시장에서의 수요가 갈수록 국제화되고 있으나 이를 충족시켜야 하는 로펌 등 공급 사이드는 100% 부응하지 못하고 무엇인가 빠진 것처럼 부족한 부분이 있어 그 틈을 우리가 메워 보자는 것"이라고 KL 파트너스 출범에 강한 의욕을 나타냈었다.

2020년 태평양에서 활동하던 김갑유 변호사가 주도하는 법무법인 피터앤김이 추가되며 피터앤김과 KL 파트너스가 국제중재 전문 로펌으로 두각을 나타내고 있지만, 2015년 당시만 해도 국제중재 부티크는 KL 파트너스가 처음이었다.

여기에다 투자자국가중재(ISDS) 등 국제중재 사건이 늘어나고, 크로스보더 기업분쟁의 해결방안으로 국제중재가 꾸준히 선호되며 KL 파트너스의 빠른 발전에 순풍으로 작용했다.

김 변호사의 예상대로 KL 파트너스는 시장에서 금방 두각을 나타냈다. KL 파트너스는 2018년 7월 미국계 헤지펀드인 엘리엇(Elliott Associates)이 한국 정부를 상대로 제기한 투자자중재(ISDS)에 이어 두 달 후 메이슨 캐피탈(Mason Capital Management)이 한국 정부를 상대로 제기한 두 건의 ISDS에서 각각 엘리엇과 메이슨의 대리인으로 선임되었다. 두 사건 모두 삼성물산-제일모직 합병을 승인하는 과정에서 한국 정부의 부당한 조치로 주가가 하락하여, 엘리엇은 최소 7억 7,000만 달러의 손해를, 메이슨은 최소 2억 달러의 손해를 입었다는 것이 신청인 측 주장으로, 삼성이 관련되어 있어 삼성 측에 자문을 많이 하는 대형 로펌이라면 맡기 어려운 측면이 있는 사건이기도 하다.

KL 파트너스는 또 법무법인 세종 시절부터 수행해 온, 론스타가 한국 정부를 상대로 제기한 6조원대의 ISDS 사건을 KL 파트너스로 옮겨서도 계속해서 주도적으로 대리하며 ISDS 사건에 관한 한 가장 많은 사건을 대리하는 인기 로펌 중 한 곳으로 유명하다. 한국 정부 사상 최초의 ISDS이자 최대의 ISDS인 론스타 사건은 2022년 8월 31일 한국 정부에 2억 1,650만 달러, 우리돈 약 2,800억원의 배상책임을 인정하는 내용으로 결론이 났다.

승전보도 이어져 KL 파트너스는 위메이드를 대리해 중국 게임회사 지우링을 상대로 제기한 〈미르의 전설2〉 관련 KCAB 중재에서 2020년 5월 약 3,000억원의 손해배상 판정을 받아내며 사실상 완승하고, 사우디아라비아의 EPC 회사를 상대로 제기한 계약 분쟁에서도 국내 제조업 회사를 대리하여 승소했다.

상대방 당사자도 자문 의뢰

이성훈 변호사가 지휘하는 M&A 분야도 일찌감치 리그테이블 '톱 10'에 들며 시장에서 확고한 위치를 확보하고 있다. 이 변호사 팀에선 특히 오케스트라 펀드의 마루망 인수, 하일랜드에쿼티파트너스의 이브릿지 인수, 크레디언파트너스 주도의 아임닭 인수 등 신생펀드의 첫 번째 또는 초기 단계 딜을 맡아 성공적으로 마무리하고, 이런 소식이 알려지며 중견 PE들로 고객군이 확대되는 발전적인 모습이 나타나고 있어 한층 고무적으로 받아들이고 있다. 이성훈 변호사는 "기존의 대형 로펌에서 활동할 때 자문했던 대기업에서도 사건을 보내오고, 이전 딜의 상대방 당사자로부터 일을 의뢰받은 경우도 있다"고 말했다. KTB PE를 대리해 동부익스프레스 매각 거래를 수행한 것이 대표적인 사례로, 이 변호사가 법무법인 세종에 있을 때인 2013~2014년 동부건설을 대리해 동부익스프레스를 KTB PE에 매각하는 거래를 수행할 때 상대방 대리인인 이 변호사를 눈여겨 본 KTB PE가 동부익스프레스를 되팔게 되자 이 변호사에게 자문을 의뢰하여 동부익스프레스 매각만 두 차례 자문하게 된 것이다.

이와 함께 GS에너지를 대리한 GS파워 지분 인수, JKL파트너스를 대리한 티웨이항공 투자, 티맵모빌리티에 대한 투자 건 자문과 티맵모빌리티의 화물자동차 플랫폼 회사 인수, 신한벤처투자를 대리한 엠엔테크 경영권 지분 인수와 거래금액이 2,000억원이 넘는 녹십자그룹의 유비케어 인수, 한국콜마가 제약사업부문을 5,124억원에 IMM PE에 매각한 거래 등이 KL 파트너스가 수행한 주요 거래들로 소개된다. KL 파트너스는 또 주식회사 다날을 대리하여 만나코퍼레이션 지분을 인수하고, 현대자동차와 기아의 금호익스프레스 주요 지분 인수 거래에선 금호익스프레스에 자문했다. KL 파트너스는 "JKL파트너스, KTB PE, 네오플럭스 등 30개가 넘는 사모펀드에 자문하고 있으며, 엘리엇을 대리해 현대자동차그룹을 상대로 주주행동주의 관련 자문을 제공하는 등 진입장벽이 매우 높은 것으로 알려진 헤지펀드의 주주행동주의 관련 자문에서도 KL 파트너스의 변호사들이 선택을 받고 있다"고 소개했다.

KL 파트너스는 사건이 늘어남에 따라 각 분야의 전문가를 활발하게 영입하며 팀을 보강하고 있다. 국제분쟁과 함께 경영권 인

이성훈 변호사
이능규 변호사

수, 성장금융 등 다양한 분야의 투자와 거래에 경험이 많은 김앤장, 에이티넘파트너스 법무팀장 출신의 박영석 변호사가 2018년 말 합류한 데 이어 2019년 초엔 법무법인 태평양을 거쳐 또 다른 부티크 로펌에서 활동하던 김선호 변호사를 파트너로 영입했다. 이와 함께 서울지법 판사를 거쳐 김앤장에서 오랫동안 활동한 이능규 변호사가 2020년 11월 합류해 KL 파트너스의 국내송무팀을 이끌고 있다.

이어 법무법인 세종에서 경험을 쌓은 박기성, 황지선 변호사로 파트너 진용이 이어지며, 외국변호사 중에선 롭스앤그레이(Ropes & Gray)와 커클랜드앤엘리스(Kirkland & Ellis) 뉴욕사무소에서도 근무하고 망고 플레이트 법무팀장, 올리패스 법무이사를 역임한 하버드 로스쿨(JD) 출신의 이미영 뉴욕주 변호사가 가장 먼저 이름이 나온다.

2021년 국내송무팀을 발족한 KL 파트너스는 M&A 자문과 함께 국내외 분쟁을 아우르는 분쟁해결 전문 로펌으로서의 입지를 한층 강화하고 있다.

"새로운 법률서비스 하고 싶어 독립"

KL 파트너스는 세종에서 한솥밥을 먹던 중견파트너 4명이 함께 중소 로펌을 차려 독립했다는 점에서 출범 초기 비상한 관심을 끌었다. 물론 이들이 일을 잘 못해서 세종에서 밀려나거나 한 것은 절대 아니다. 김범수 대표에 따르면, 오히려 그 반대라고 한다. 사법연수원 17기인 김 변호사는 "새로운 형태의 법률사무소를 만들어 새로운 서비스를 하고 싶어 KL로 뭉친 것"이라고 말했다.

서울법대 재학시절 제27회 사법시험에 합격해 판사로 법조인 생활을 시작한 김 대표는 1996년 플로리다대 로스쿨로 법관장기연수를 떠난 것이 변호사로 변신하는 계기가 되었다. 지적재산권법에 관심을 가졌던 그는 1년간의 연수를 마친 후 귀국해 사표를 내고 다시 미국으로 건너가 휴스턴 로센터(Houston Law Center)에서 지적재산권법 석사과정을 마치고 뉴욕주 변호사가 되었다. 이어 휴스턴에 있는 미국 로펌에서 경험을 쌓은 후 2000년 7월 세종에 합류해 처음에 맡은 일은 M&A 등 회사법 자문. 그러나 얼마 안 가 국제중재 분야로 옮겨 세종의 국제중재팀을 국내 굴지의 수준으로 발전시켰다는 평가를 받고 있다.

공부를 더하고 싶어 법관직에 사표를 내고 집을 팔아 자비로 유학을 떠났을 만큼 결단과 도전의 주인공인 그는 로펌 운영에도 관심을 가져 2년 반 동안 세종의 운영위원으로 활약했으며, 대한변협 국제이사도 역임했다.

김 대표와 함께 KL 창립멤버로 합류한 이은녕 변호사는 세종에서 리쿠르트 업무를 담당했던 김 대표가 이 변호사가 사법연수원에 다닐 때 일찌감치 점찍어 놓고 연수원을 마치자마자 영입한 것으로 유명하다. 먼저 세종에 합류한, 이은녕 변호사의 서울법대 동기인 이성훈 변호사가 이은녕 변호사의 영입을 위해 김 대표와 함께 중간에서 역할을 했다는 후문. 사법연수원을 마친 2004년 법무법인 세종에 입사한 이은녕 변호사는 금융 파트에서 업무를 시작, 이후 회사법 파트로 옮겨 부동산과 M&A 등의 업무를 폭넓게 익혔다고 한다. 법률자문에서 매우 정제된 결과물을 내놓는 것으로 정평이 난 이은녕 변호사는 콜럼비아 로스쿨(LLM)에서 연수한 후 클리어리 가틀립(Cleary Gottlieb) 홍콩사무소에서도 근무했으며, 2011년엔 세종 소속으로 GE캐피탈코리아에서 파견근무하기도 했다.

그러나 2012년 제기된 론스타 ISDS가 이 변호사의 전문 분야와 변호사 인생을 바꿔놓는 커다란 계기가 되었다고 한다. 론스타 측을 맡은 세종 국제중재팀에서 일손이 달리자 국제감각이 뛰어난 이 변호사에게 국제중재팀 합류를 요청, 이때부터 국제중재 업무를 수행하게 된 것이다.

이성훈 변호사는 변호사 경력 20년이 넘는 M&A 변호사로, 그의 프로필엔 수많은 업무사례가 줄지어 소개되어 있다. 창의적인 솔루션과 고객 친화적인 태도가 그가 고객들로부터 높은 평가를 받는 핵심 포인트로, 이 변호사는 대안 제시능력을 M&A 변호사가 갖춰야 할 가장 중요한 덕목 중 하나로 제시했다. 예컨대 M&A 과정에서 대상회사에 대한 법률실사 결과 이론적으로는 법률문제가 있지만 그러한 법률문제가 현실적으로 발생할 우려가 크지 않다면 고객에게 해당 내용을 설명하고 대상회사를 인수하도록 권고할 수 있어야 한다는 것이 그의 지론이다.

파트너 비중이 높고, 파트너가 직접 자문을 제공하며 높은 전문성을 담보하는 이른바 '왁텔형 로펌'을 꿈꿔왔다는 이 변호사는 그런 로펌을 만들어보자는 김범수 대표의 말에 공감해 KL 파트너스에 동참했다고 말했다.

'의료·통증소송 전문'

법무법인 서로

www.seolaw.net

법무법인 서로는 교통사고 등으로 인한 복합부위통증증후군(CRPS)을 장애로 인정받아 이에 대한 치료비와 노동능력상실에 따른 첫 손해배상 판결을 받아낸 것으로 유명하다. 통증소송을 발굴해 개척한 주인공으로, 서로가 법무법인을 구성하기 전인 2005년 8월 대표변호사를 맡고 있던 서상수 변호사가 교통사고 후 극심한 통증을 호소하던 30대의 여성 피해자를 대리해 인천지법에서 CRPS도 장애라는 첫 승소 판결을 받아냈다.

이후 서로는 '통증소송 전문'으로 이름을 날리며 수십만 명에 이르는 통증환자와 희귀난치병 환자들의 수호천사로 맹활약하고 있다.

서상수 변호사가 CRPS 소송을 맡아 승소 판결을 받기 이전만 해도 통증환자들은 '꾀병' 환자쯤으로 치부되기 일쑤였다. 서 변호사가 대리했던 서 모(사고 당시 39세·여)씨도 택시에서 내리다가 택시가 서둘러 출발하는 바람에 오른쪽 발목 관절을 다쳐 극심한

서상수 변호사
조경구 변호사

통증이 무릎까지 번졌으나, 1심 법원이 인정한 피해배상액은 300여만원에 불과했다. 통증을 장애로 보지 않고, 치료비 지급을 거절하며 채무부존재확인소송을 낸 전국택시운송사업조합연합회의 손을 들어 주었기 때문이다.

CRPS 인정받아 1심 배상액의 100배 받아내

그러나 항소심부터 관여한 서 변호사는 CRPS로 인한 장애 판정을 주장하며 반소를 제기해 1심의 배상액보다 무려 100배에 이르는 3억 3,700여만원의 손해배상 판결을 받아냈다. CRPS는 중증질환으로 장애이며, 피해자인 서씨의 통증으로 인한 오른쪽 다리의 동통과 관절운동장애, 적응장애와 혼재성 불안 및 우울반응 등 후유장해로 인한 영구적인 가동능력상실이 70% 이상에 이른다는 게 항소심을 맡았던 인천지법의 판단이다. 인천지법은 일실수입과 함께 치료비, 2,000만원의 위자료 등을 서씨에게 배상하라고 판결했다. 이에 택시운송사업연합회가 상고했으나 대법원은 2006년 7월 연합회 측의 상고를 기각하고, 항소심 판결을 그대로 인정, CRPS는 교통사고와 상당인과관계가 있고, 장애로 인한 가동능력상실에 관한 인천지법의 판단도 모두 옳다고 판시했다.

서 변호사가 CRPS를 장애로 인정한 이 판결을 받아낸 이후 관련 판결이 이어지며 수십만 명에 이르는 CRPS 등 만성통증 환자들의 소송이 지속적으로 제기되고 있다. 서로는 보광휘닉스파크

내 샤워장 벽에서 떨어진 조명등 파편에 발등을 찍혀 CRPS Ⅱ형으로 최종 진단을 받은 김 모씨 사건에서도 2016년 8월 서울중앙지법에서 10.4%의 노동능력상실률을 인정받아 60세까지 일실수입을 받아냈다.

또 CRPS와 비슷한 법리가 적용되는 희귀난치병 환자들도 서로의 변호사들이 나서 일실수입 등 피해배상을 받아내고 있다. CRPS에 관한 인천지법의 판결과 비슷한 시기에 서울행정법원에서 승소 판결을 받은 루푸스 환자 박 모씨의 경우가 대표적인 사례로 꼽힌다.

군 복무 중 난치성 질환인 루푸스가 발병해 제대한 박씨는 국가에 연금을 신청했으나 국가보훈청은 유전적인 자가면역질환이라는 이유로 박씨의 병을 공무상 질병으로 인정할 수 없다고 결정했다. 그러나 서상수 변호사가 박씨를 대리해 제기한 소송에서 서울행정법원은 "박씨가 한여름 땡볕에서 계속 훈련을 받았고, 군 복무 중 겪은 심한 스트레스로 인해 잠복해 있던 루푸스병 인자가 촉발된 것인 만큼 공무상 질병으로 인정해야 한다"고 판결했다. 땡볕 훈련 등 군생활과 자가면역질환인 루푸스병 사이의 인과관계를 인정한 것이다.

인천지법의 2005년 첫 판결 이후 지금까지 수백 건의 통증 관련 소송을 수행한 법무법인 서로에 따르면, 만성통증 환자들이 손해배상청구소송, 산재소송, 행정소송 등 다양한 형태의 소송을 통해 피해구제를 모색하고 있다.

앞에서 소개한 서씨가 낸 교통사고로 인한 손해배상청구소송이 대표적인 경우다. 또 병원에서 수술 등을 받다가 신경을 건드려 통증이 유발된 경우는 의료사고로 인한 손해배상청구소송을 제기하며, 산재 사고로 인한 경우는 산재 인정 행정소송과 산재로 인한 민사 손해배상 청구가 모두 가능하다.

이와 함께 군 복무 중 다쳐 통증 등이 유발된 경우는 국가유공자 인정을 위한 소송을 제기하고, 장애연금 소송 등도 생각할 수 있다는 게 서로에서 활약하는 조경구 변호사의 의견. 물론 피해자 자신이 상해보험 등에 가입했다면, 가해자를 상대로 하는 손해배상청구소송 등과 별도로 보험회사에 청구해 보험금을 받아낼 수 있다.

서로의 변호사들에 따르면, 2006년 7월 대법원의 첫 판결 이후 CRPS도 장애로 보고 정년 때까지 향후치료비 등의 손해가 인정되고 있으나, 법원에선 발병 확률이 낮고 희귀하면서도 그 위험도나 결과의 중한 정도가 대단히 높은 질병이라는 점에서 가해자의 책임을 30~50% 감경하는 게 보통이라고 한다.

사거리에서 적색신호로 진행하던 승용차에 들이받혀 복합부위통증증후군(CRPS)이 발생한 40대의 피해차량 탑승자에게 서울중앙지법은 2020년 3월 가행차량의 잘못을 인정하면서도, "복합부위통증증후군의 경우 환자들이 호소하는 극심한 자각적 증상에 비하여 경미한 외상에 의하여 발생할 수 있고, 그 발생빈도가 낮아 희귀하면서도 그 위험도나 결과의 중한 정도는 대단히 높은 질환인데, 이러한 질환으로 인한 손해의 전부를 피고에게 배상하게 하는 것은 공평의 이념에 반한다"며 매년 1,706,000원이 들어가는 복합부위통증증후군으로 인한 향후 치료비와 2억여원의 개호비에 대해 가해자 측의 책임을 70%로 제한했다.

카페 여종업원 감전사고, 60% 배상 판결

또 카페에서 일하던 여종업원이 전기보온기 누전으로 감전사고를 당해 CRPS가 발생한 사안에서, 서울중앙지법은 2018년 4월 보온기 제조업체에 제조물책임을 인정했으나, 복합부위통증증후군과 관련, "손해의 전부를 원고에게 배상하게 하는 것은 공평의 이념에 반한다"며 60%만 배상하라고 판결했다.

서로의 홈페이지에 보면 수많은 통증 승소 사례가 이어지고 있다. 환자 A는 2015년 10월 18일경 자전거를 타다가 넘어져 우측 발목을 접질려 부목 고정 후 한의원 등에서 치료를 받았으나 발목 통증이 지속되었다. 2015년 12월 3일 B병원에 내원하여 시행한 검사에서 우측 발목 만성 불안정성, 우측 발목 염좌, 우측 비골근건부위 건염으로 진단받은 A는 우측 발목에 관절내시경을 이용한 관절강 변연절제술과 MBO 술식을 이용한 외측부 인대 봉합술을 시행받았으나, 수술 후 우측 4번째 발가락 감각이 무디고 4번째 발등 쪽이 저리는 증상이 발생하여 C병원에 내원하여 검사를 시행한 결과 비복신경 단일신경병증, CRPS 2형이라는 진단을 받았다.

A를 대리해 B병원을 상대로 소송을 제기한 서로의 변호사들은 2020년 10월 "B병원 의료진은 수술 당시 수술 부위 신경손상에 주의할 의무가 있음에도 이를 소홀히 하여 환자 A의 비골신경 또는 비복신경이 손상되고 그로 인하여 환자 A가 장해를 입었다"는 주장과 입증을 통해 B병원은 A에게 4,800여만원을 지급하라는 손해배상 판결을 받아냈다.

1995년 설립된 서로는 통증소송을 개척하기 이전 의료사고 환자들을 대리해 병, 의원을 상대로 의료과오로 인한 손해배상을 받아내는 이른바 의료소송 수행으로 이름을 날렸다. 통증소송도 의료소송 분야에서의 전문성이 알려지며 사건을 맡아 개척한 결과로, 서로는 의료소송을 가장 많이, 전문적으로 다루는 몇 안 되는 법률사무소 중 한 곳이다.

서상수 변호사는 개업 후 얼마 안 지나 치과에서 마취를 하고 치료를 받은 후 갑자기 뇌출혈을 일으켜 반신불수가 된 한 환자를 대리해 병원을 상대로 소송에 나섰으나 패소하고 말았다. 그러나 그때만 해도 잘 알려지지 않았던 의료소송이란 새로운 시장을 알게 된 서 변호사는 1999년 간호사 출신을 뽑고, 진료차트를 볼 줄 아는 사무장과 함께 의료팀을 구성, 의료소송 개척에 본격적으로 뛰어들었다. 또 의사가 직접 법률사무소에 상주하며 변호사들을 거들기도 하고, 이후 아예 의사 출신 변호사를 투입해 의료소송에서 높은 전문성을 추구해 온 곳이 법무법인 서로다.

서로에 따르면, 예전에는 소송가액이 큰 사건 위주로 의료소송이 진행되어 산부인과, 신경외과, 정형외과 등에서 발생한 의료과오 소송이 많았다면, 최근에는 소송가액이 많지 않은 성형외과, 치과, 이비인후과 등에서 일어난 사고도 문제 삼는 등 의료소송이 거의 전 과목으로 확산되는 추세라고 한다.

전 과목으로 확대되는 의료과오 손배소

환자 D는 허리 통증으로 2014년 3월 20일 E병원에 내원하여 시행한 요추 MRI 검사 결과 요추 제4-5간의 추간판 변성과 섬유륜 파열을 동반한 미만성 중심성 추간판탈출증을 진단받은 후 다음날 고주파 수핵감압술 및 Racz Catheter를 이용한 신경성형술을 시행 받았다. D는 시술 후 회복실로 옮겨졌으나 청색증, 구토, 오심 증상이 확인되고 빈맥상태로 과민한 모습을 보이면서 섬망, 발작 증상이 나타나 응급 뇌CT를 시행한 결과, 기뇌증, 간질지속 상태가 확인되었다. 상급의료기관으로 전원되어 관련 치료를 받았으나 D는 변론종결 당시까지 기억저하와 인지기능 장애의 증상을 보이고 있고, 회복이 어려운 상태다.

E병원이 D를 상대로 제기한 채무부존재확인소송에서 D를 대리한 서로의 변호사들은 "E병원 의료진이 시술 도중 미숙한 술기로 기뇌증을 유발하고, 신경성형술 과정에서 과다한 용량의 약물을 투여하여 뇌압을 상승시켰으며, 신경성형술 과정에서 경막을 손상시켜 경막하 공간으로 약물이 주입되도록 하고, 척추마취 과정에서 마취범위를 상승하도록 하는 등 E병원 의료진의 과실 또는 위

각 과실들이 경합하여 A에게 악결과가 발생하였다"는 주장을 입증하여 2020년 4월 E병원은 D에게 5억 6,300여만원의 손해배상책임이 있다는 조정에 갈음하는 결정을 받아냈다.

서로는 의료소송에서 한 걸음 더 나아가 의료법 전반으로 영역을 확대하고 있다. 의사 등의 면허취소와 면허정지 사건, 의료기관의 개설허가 취소와 업무정지 사건, 요양급여·의료급여 비용환수 소송 등이 서로가 처리하는 대표적인 사건들이며, 서로는 의료기관의 설립과 경영, 노무에 관련된 법률 컨설팅도 제공한다.

의료과오 손해배상청구소송에서 시작, 통증소송과 의료법 소송, 보험소송으로 영역을 넓혀가고 있는 중견 로펌 서로는 남들이 잘 하지 않는 새로운 시장을 찾아 블루오션으로 성공시킨 프런티어 로펌이라고 할 수 있다. 서로는 브로슈어 등에 '권리보호가 취약한 분야에 대한 도전의식'을 서로가 추구하는 이념 중 하나로 제시하고 있다.

"의뢰인의 니즈를 정확하게 파악하여 의뢰인의 입장에서 합리적인 해결점을 찾아내고 이에 적극적으로 대처하여 의뢰인의 정당한 권리를 찾아드리고자 노력할 것을 약속드립니다."

서로의 홈페이지 맨 앞에 나오는, 의료소송에 이어 통증소송을 개척한 서로 변호사들의 다짐이다.

'집단소송, 원고대리 전문'

법 무 법 인 한 누 리

www.hnrlaw.co.kr

서울고등법원 재판부는 2021년 3월 3일 GS건설의 경영실적 허위 공시로 인한 주가 폭락과 관련, GS건설이 제44기 사업보고서를 제출한 2013. 3. 29. 17:15부터 잠정실적을 공시한 2013. 4. 10. 17:33까지 사이에 GS건설 보통주를 취득한 자로서, 2013. 4. 10. 17:33 현재 해당 주식의 전부 또는 일부를 보유하고 있었던 주주로서 제외신고를 하지 않은 투자자 전원에게 GS건설이 총 120억원을 지급하는 내용의 화해허가결정을 내렸다. 법무법인 한누리가 투자자들을 대리해 GS건설을 상대로 증권관련집단소송을 제기해 서울중앙지방법원이 2015년 2월 증권관련집단소송을 허가하고, 본안소송을 통해 피해배상을 확정지은 것으로 배상액은 원고들 청구금액의 약 27.4%에 이른다.

2000년 공식 출범한 한누리는 집단소송 대리, '원고대리 전문 로펌(Plaintiffs Law Firm)'의 원조쯤 되는 선두주자로, 특히 증권이나 금융상품 등의 투자자 피해소송에 특화한 것으로 유명하다. 그동안 분식회계와 관련된 집단소송에서 여러 건 승소했으며, 주가조작, 증권신고서 허위작성, 펀드 불완전판매와 부당운용 등의 다양한 투자자 소송, 담합·부당내부거래 등 불법행위의 피해자 측을 주로 대변하며 탁월한 성과를 축적하고 있다.

배상액이 총 470억원에 이르는, LG그룹 구본무 회장 등을 상대로 낸 주주대표소송과 코오롱TNS 분식회계소송, 대우전자 분식회계소송 등 한누리의 홈페이지에 접속해 보면 그동안의 승소 사례를 한눈에 확인할 수 있다. 2010년엔 이익치 전 현대증권 회장을 상대로 낸 주주대표소송에서 총 400억원대의 배상판결을 받아냈으며, 현대투자신탁증권과 삼일회계법인을 상대로 낸 실권주 공모 관련 집단소송에서도 200억원대의 배상판결을 받아 집행까지 완료했다.

라임·옵티머스 펀드 피해구제 활약

특히 최근엔 불완전판매 등 펀드사태에 대한 대응에서 역량을 발휘해 투자자들을 대리한 라임무역금융 펀드사건에서 금융감독원 금융분쟁조정위원회로부터 착오에 의한 계약취소 법리에 따른 전액 배상결정을 이끌어내고, KB증권과 우리은행 판매 라임펀드 사건에선 순서대로 불완전판매 등에 따른 70%, 78%의 손해배상 책임을 인정하는 배상결정을 이끌어냈다. KB증권, 우리은행 등 판매사들은 분조위 배상결정을 그대로 수용했다.

또 옵티머스 펀드 환매중단 사태와 관련해서도 투자자들을 대

김주영 변호사

리해 금감원 분조위로부터 전액 배상결정을 받아내는 등 로펌 한누리가 주식 투자나 펀드에 가입했다가 불법행위 피해를 입은 투자자들의 수호천사로 명성을 날리고 있다.

증권관련집단소송도 한누리가 가장 많은 사건에서 원고들을 대리하며 승소 판결을 받아 제도 정착에 기여한 분야로, 한누리는 한국투자증권주가연계증권(ELS) 상품에 투자했다가 손실을 입은 투자자들이 헤지를 담당했던 도이치은행을 상대로 낸 증권 집단소송에서 2017년 7월 첫 승소 확정판결을 받아내는 등 속속 결실을 맺고 있다. 한누리는 이에 앞서 ELS(주가연계증권)의 기초자산 종가 조작사건과 관련하여 캐나다왕립은행을 상대로 낸 집단소송에선 법원의 허가결정에 이어 2017년 2월 화해허가결정으로 마무리했으며, 2011년 상장폐지된 방송·통신장비업체 씨모텍의 주주들이 유상증자 주관사인 DB금융투자(옛 동부증권)를 상대로 낸 증권관련집단소송에선 2020년 2월 대법원에서 DB금융투자의 책임을 10% 인정받아 DB금융투자로부터 14억 5,500여만원의 손해배상금을 지급받는 것으로 사건을 마무리했다.

대표를 맡고 있는 김주영 변호사는 한누리 출범 전 약 5년간 김앤장에서 근무한 회사법 전문가로, 참여연대에서 오랫동안 소액주주운동을 하기도 했다. 그런 인연들이 쌓여 2000년 본격적으로 집단소송에 뛰어들어 성공한 그이지만, 그는 아직도 집단소송은 보통의 일반 사건과는 다르고, 어려움이 적지 않다고 강조했다.

20년이 넘는 경력이 쌓인 김주영 변호사가 그동안 수행한 집단소송은 줄잡아 약 50건. 대부분이 주식이나 금융상품에 투자했다가 대주주 등의 불법행위로 손해를 본 투자자 피해소송으로, 김주영 변호사는 2014년 가을 그동안 수행한 분식회계 또는 주가조작 등에 관련된 집단소송 10건을 추려 소송경과를 분석한 단행본 《개미들의 변호사, 배짱기업과 맞장뜨다》를 펴내기도 했다.

단행본 《개미들의 변호사…》 출간

집단소송 분야 최초의 역작인 이 책은 원고 측 대리인의 입장에서 소송의 시작부터 결말까지의 전 과정을 상세하게 기록한 게 특징이다. 1심에서 이겼다가 다시 뒤집히고, 최종심인 대법원에 가서 승소하는가 하면 1심에서 승소 판결이 내려지자 가집행을 해 당사자들에게 돈까지 쥐어주었다가 상급심에서 패소하는 바람에 돈을

되돌려주고 변호사비용까지 물어준 뼈아픈 사연까지 투자자들과 함께 한 고군분투의 법정 드라마가 김 변호사의 담담한 문체로 소개되어 있다. 그런 의미에서 김 변호사는 이 책에서 소개한 10건의 소송을 '담대한 소송'이라고 불렀다.

정보통신의 발달 등에 힘입어 앞으로 집단소송이 더욱 늘

어날 것으로 전망하는 사람들이 많지만 집단소송 1세대 변호사인 그는 "법리나 제도적 기반 등이 더 성숙되어야 한다"고 주문했다.

김 변호사는 당사자의 사회경제적 지위를 기준으로 소비자 입장에서의 집단소송과 투자자 집단소송 등으로 집단소송의 유형을 분류하고, 개인정보 유출에 따른 손배소나 가격담합 등 대기업의 불공정행위에 따른 손배소, 약화(藥禍)소송 등 제조물책임소송이 소비자의 입장에서 손해배상을 청구하는 집단소송이라면, 증권 및 금융상품 투자자 피해소송, 부동산 투자자소송 등은 투자자의 입장에서 피해구제를 도모하는 집단소송이라고 했다. 이어 환경소송의 일종인 항공기소음 피해소송과 석회석 산지 주민의 분진 피해소송, 아파트 입주자와 건설사 사이의 입주나 하자보수 등을 둘러싼 소송은 지역주민 등 거주자의 입장에서 접근할 수 있는 집단소송이라고 덧붙였다.

"승소 가능성 7할 넘어야 소송 시작"

김 변호사는 그러나 "어떤 경우나 집단소송엔 위험 또한 도사리고 있는 게 사실"이라며 "보수적으로 접근하는 한누리에선 승소 가능성이 70~80%는 되어야 소송을 시작한다"고 신중한 접근을 강조했다.

한누리는 일부 구형 아이폰의 성능을 고의로 낮춰 신형 아이폰의 구매를 유도했다는 의혹을 받고 있는 이른바 아이폰의 성능저하 업데이트 집단소송을 대리하는 등 집단소송 분야를 소비자, 독

과점 등 다양한 분야로 넓혀나가고 있다. 또 회사법 분야의 전문성을 살려 소수주주를 대리한 회계장부·서류에 대한 열람·등사 청구소송 등 경영권 분쟁과 어려운 투자분쟁 등에 단골 대리인으로 뽑혀 다니고 있다. 한누리는 주주들을 위한 주주총회 실무매뉴얼도 발간했다.

김상원 전 대법관을 포함해 모두 12명의 변호사가 포진하고 있는 한누리는 20년 넘게 축적된 집단소송에 대한 전문성과 팀워크로 집단소송 대리, 원고대리 전문 로펌의 새 지평을 열어가고 있다. 집단소송 수행에 있어 전문성 못지않게 한누리가 중시하는 것이 소송의 상황과 자료를 신속하고 정확하게 고객에게 전달하는 '투명성 전략'으로, 한누리 관계자는 "소송의 모든 진행상황은 홈페이지, 문자메시지, 카카오톡 등 다양한 방식을 통해 의뢰인들에게 개별 고지된다"고 설명했다.

한누리는 또 한누리 홈페이지와 별도로 운영하는 온라인소송닷컴(https://onlinesosong.com/)을 통해 소송위임계약의 체결, 진행 경과의 안내는 물론 쟁점 공유와 의견 수렴 등 투자자들과 소통하는 채널로 활용하고 있다. 투자자 800여명을 대리해 항소심에서 원고 승소 판결을 받은 가운데 현재 상고심이 진행 중인 '대우조선해양 분식회계소송'이 이 사이트를 통해 원고를 모집한 대표적인 사건이다.

"로또 사듯 집단소송 뛰어들면 위험"

 이른바 불특정 다수가 관련된 불법행위, 집단적 분쟁이 빈발하면서 다수 당사자가 관련된 집단소송이 봇물 터지듯 늘어나고 있다. 여기에 사건 수임 경쟁에 내몰린 변호사들이 가세해 경쟁적으로 집단소송을 제기하는 등 과열 양상도 감지되고 있다. 집단소송의 선구라고 할 수 있는 김주영 변호사는 그러나 리걸타임즈와의 인터뷰에서 "집단소송은 변호사들에게 좋은 기회가 될 수 있지만 유혹이 뒤따르고, 위험한 측면 또한 동시에 존재한다"며 주의할 대목이 적지 않다고 당부했다. 집단소송 성공의 노하우와 집단소송 수행시의 유의사항 등이 담긴 김 변호사와의 인터뷰 내용을 소개한다.
 -집단소송이 변호사들에게 인기를 끌고 있다. 무엇이 인기 요인이라고 보나.
 "먼저 집단소송이 사업적으로 큰 기회가 될 수 있다는 말을 하고 싶다. 워낙 당사자가 많다 보니 개인별 배상액이 크지 않아도 상당한 성공보수를 챙길 수 있는 매력이 있다. 변호사 사무실 입장에선 일종의 틈새시장이고, 전문화를 추구할 수 있는 블루오션이다. 또 공익성도 있다. 불특정 다수의 작은 권리를 찾아주는 역할을 하며 변호사로서 보람을 느낄 수 있는 사건이 집단소송 사건이다. 집단소송 수행의 이런 긍정적인 요소가 변호사들을 이 분야로 끌어들이는 것이다."

80년대 초부터 시작

 변호사들에 따르면, 우리나라의 집단소송은 80년대 초로 거슬러 올라간다. 1984년에 터진 망원동 유수지 수문 붕괴사고로 피해를 입은 수재민들이 낸 손해배상소송을 첫 집단소송으로 꼽는 사람도 있다. 이후 대량생산, 대량소비, 대량유통으로 표현되는 사회변화에 따라 집단적 분쟁이 갈수록 늘어나고 있다. 또 피해자들의 권리의식 제고, 집단적 피해자들이 모이는 것을 용이하게 도와주는 인터넷 카페, 소셜네트워크서비스(SNS)의 활성화로 집단소송이 앞으로 더 많이 제기되고 발전할 것이라는 게 김주영 변호사의 전망이다.

"집단소송 좋아 보이지만, 굉장히 위험"

김 변호사는 그러나 리걸타임즈와의 인터뷰에서 집단소송의 긍정적인 면보다는 위험, 조심해야 할 사항에 대해 많은 시간을 할애했다. 그만큼 변호사로서 리스크가 적지 않은 분야라는 게 그의 의견이다. 그는 "집단소송이 좋아 보이지만 굉장히 위험한 분야"라며 변호사들에게 거듭 주의를 환기했다.

-어떤 측면을 조심해야 하나.

"집단소송 대리하다가 변호사 그만두고 싶어 한 사람들 꽤 있다. 워낙 집단소송 수행에 따른 고통이 크기 때문이다. 형사적으로 문제가 되어 감옥까지 갔다 온 변호사도 있고, 집단소송 잘못했다가 큰 재정적 어려움에 봉착한 변호사도 여러 명 봤다."

-재정적인 어려움은 집단소송을 수행했으나 만족스러운 결과가 나오지 않았기 때문인가.

"그렇다. 3심제의 속성상 1, 2심에서 이겼더라도 판결이 확정되기까지는 마음을 놓을 수 없는 게 집단소송이다. 보통의 소송도 그렇지만, 집단소송 수행엔 생각보다 많은 시간과 노력, 비용이 든다. 상당한 투자가 들어가야 하기 때문에 성공적인 결과가 나오지 않을 경우 기회비용 손실이 이만저만한 게 아니다."

김 변호사에 따르면, 요즘에는 전문가를 감정에 활용해야 하고 패소시 물어줘야 하는 변호사비용 등 소송비용도 많이 올라 예상했던 결과가 나오지 않으면 재정적인 리스크가 상당하다고 한다.

김 변호사는 "한마디로 배 띄워놓고 몇 년 기다려야 하는 게 집단소송"이라며, "그렇다고 가만 놔두면 안 되고 계속 노를 저어야 하기 때문에 고정비용도 많이 들고, 따라서 집단소송을 맡은 원고 변호사 입장에선 소송이 지연되면 지연될수록 그 기간 동안 수입 없이 버텨내야 하는 어려움이 있다"고 고충을 토로했다.

"배 띄워놓고 몇 년 기다리는 게 집단소송"

그가 맡아 100억원대의 배상판결을 받아낸 대우전자 분식회계소송은 소 제기에서 확정까지 8년이 걸린 사건이다. 김 변호사는 2000년 10월 소액주주 360여명을 대리해 대우전자와 안진회계법인을 상대로 손해배상청구소송을 제기했다. 이후 대법원 파기환송을 거쳐 2008년 9월 26일 서울고법에서 안진회계법인 등에 배상책임을 인정한 최종 승소 판결을 받아냈다. 대우전자가 사실상 파산상태였기 때문에 거액의

집단소송의 선구자로 불리는 법무법인 한누리의 김주영 변호사. 그는 그러나 집단소송이 좋아 보이지만 굉장히 위험한 분야라고 주의를 당부했다.

배상금을 낼 수 있는 안진회계법인의 분식회계와 부실감사에 대한 책임 여부가 중요한 쟁점 중 하나였다.

이 사건의 대법원 판결은 특히 분식회계에 있어서 손해배상액을 어떻게 정할 것인가, 그리고 과실상계의 합리적인 사유 등에 관한 기준을 명확히 해 선례가 된 기념비적인 판결로, 김 변호사와 법무법인 한누리 입장에선 반전에 반전을 거듭하며 끝까지 손에 땀을 쥐게 한 드라마틱한 사건으로 유명하다.

한누리가 맡아 진행한 피해자 약 360명의 집단소송은 1, 2심에서 모두 원고 일부 승소 판결을 받았다. 그러나 한누리가 2심부터 관여한, 먼저 제기된 선행소송이 2심에서 1심 판결이 취소되고 원고 패소 판결이 내려지는 바람에 두 소송의 대법원 판결이 초미의 관심사가 되었다. 2007년 10월 25일 의뢰인들과 함께 대법원 판결 선고를 들으러 법정에 나갔던 김 변호사는 "분위기가 살벌했다"고 당시를 회고했다.

주문만 읽고 선고 끝내는 대법 판결

"수백 명의 방청객이 대법원 판결을 들으러 직접 출석했는데 더 이상 돌이킬 수 없는 최종 판결이 내려지는 순간이었으므로 엄숙하고 처절한 분위기가 법정 안을 가득 메웠지요. 솔직한 희망은 2심에서 우리가 진 선행사건은 파기환송이 되고 2심에서 일부 승소 판결이 내려진 후행사건은 상고기각으로 확정되는 것이었는데 후행사건이 먼저 '파기환송' 판결을 받았어요. 하늘이 무너지는 것 같았죠. '일부 승소 판결이 파기되었다면 패소 판결이 맞다는 취지란 말인가?' 절망적인 심정으로 선고법정을 나서는데 다른 법정에서 선행사건의 선고를 들었던 직원과 의뢰인이 선행사건도 '파기환송'이라며 밝은 표정으로 다가왔어요. 나중에 알아보니 선행사건은 원고 패소를 명한 것 자체가 뒤집혔고, 후속사건에서는 과실상계

비율이 지나치다, 원고들이 승소를 더 했어야 한다는 취지로 파기환송된 것이었어요. 대법원 판결은 주문만 읽고 선고를 끝내기 때문에 나중에 판결문을 받아보기 전까지는 구체적인 내용을 알 수 없어요."

김 변호사는 "그동안 수십 건의 집단소송을 수행했지만 이 사건이 가장 기억에 남는 사건 중 하나"라며, "집단소송은 워낙 시간이 오래 걸리기 때문에 오래 버티는 게 중요하다"고 말했다.

또 판결이 확정되기 전에 결과를 낙관하고 섣불리 행동하는 것도 집단소송 변호사에겐 금물이다. 김 변호사는 주식투자와 관련된 집단소송을 맡아 2심까지는 잘 되었으나 3심에서 뒤집히는 바람에 변호사가 낭패를 본 사례라고 소개했다.

"담당 변호사가 2심까지 이겼으니까 3심은 그냥 잘 될 거라고 생각하고 상당한 액수의 성공보수를 받을 테니까 빚 얻어 집도 사 놓고 그랬다는 얘기를 들었어요. 하지만 소송이 확정되기까지 마음을 놓을 수 없는 게 집단소송입니다."

많은 사건에서 승소한 김 변호사에게도 비슷한 기억이 있다. 2004년 5월 대법원 판결로 패소가 확정된 세종하이테크 주가조작 사건이 그랬다.

원고들 대신 변호사비용도 물어줘

한누리에 따르면, 342명이 원고로 참여한 이 소송은 1심에서 21억원의 배상판결이 내려졌으나 그 후 2심에서 원고 승소 판결이 완전히 뒤집혀서 원고 청구가 전부 기각되고, 원고들이 대법원에 상고했지만 대법원에서도 상고가 기각됨으로써 원고 패소로 확정된 사건이다. 특히 원고들이 가집행선고가 붙은 1심 판결에 따라 피고들을 상대로 집행을 해 일부 배상을 받기도 했으나 그 후 판결이 뒤집히면서 받은 돈을 다시 되돌려주어야 했다. 더 나아가 피고들 중 일부가 변호사비용까지 청구하여 원고들을 대리했던 한누리가 원고들 대신 변호사비용까지 물어준 뼈아픈 사건이다.

김 변호사는 "피해자들을 두 번 울게 한 비운의 집단소송"이라며, "그러나 투자자소송이 반드시 승소로 이어지는 것만은 아니라는 것, 일반인의 기대와 법원의 판결은 얼마든지 다를 수 있다는 것, 재판과정에서의 설득은 상식적인 설득의 수준을 훨씬 넘어서야 한다는 것 등을 가르쳐 준 좋은 사례"라고 설명했다.

이런 집단소송을 수십 건 대리하면서 김 변호사가 집단소송 수행의 첫 번째 철칙으로 강조하는 것은 의뢰인과의 긴밀한 유대관계. 그래야 시간이 오래 걸리는 게 보통인 집단소송에서 끝까지 포기하지 않고 승리를 거머쥘 수 있고, 의뢰인과 변호사 사이의 분쟁도 방지할 수 있다는 게 그의 지론이다.

김 변호사는 "의뢰인들과 끊임없는 공감대를 형성하며 계속 커뮤니케이션을 잘 하면서 가야 소송도 잘 되고 상대방의 반격과 같은 돌발변수가 생겼을 때 효과적으로 대처할 수 있다"고 강조했다. 이어 "그렇지 않은 경우에는 의뢰인과의 유대가 취약해져 변호사가 당할 수 있고 변호사가 쓰러지면 소송 자체가 흐지부지되는 위험한 상황을 맞을 수 있다"고 경고했다.

인천에서 진행된 아파트 하자보수소송의 경우 재판에 지자 의뢰인들이 거꾸로 집단소송을 수행한 변호사들을 상대로 소송을 제기하는 결과로 이어졌다. 분양대금 지급을 미루며 분양계약 해제와 해제에 따른 원상회복을 도모했으나 소송에 지는 바람에 밀린 대금에 대한 지연이자까지 물게 된 의뢰인들이 변호사에게 화살을 돌린 것이다 김 변호사는 "집단소송을 수행하면서 변호사가 소송의 결과 등을 섣불리 장

담하는 등 책임질 수 없는 말을 했다가 나중에 의뢰인들과의 사이에 복잡한 문제가 발생하는 경우를 많이 보았다"며 각별한 주의를 당부했다.

그는 또 다음과 같은 말로 집단과 집단소송의 속성을 표현했다.

"집단소송을 대리하게 되면 어떤 때는 내가 영웅이 된 것 같은 느낌이 들어요. 많은 사람이 나를 바라보고 있고 지지하기 때문이죠. 하지만 집단이라는 것은 변화무쌍해요. 변호사가 의뢰인들에게 '배상을 받을 수 있습니다', '내가 여러분을 위해 그렇게 해드리겠습니다' 이렇게 얘기할 때는 열광하죠. 그렇지만 '잘 안 되어 간다, 재판이 잘못됐다' 그러면 완전히 돌변해 변호사를 공격하는 게 집단이에요. 한두 사람한테 욕먹는 것은 그 사람하고 대화를 통해 해결할 수 있지만, 집단으로부터 당하게 되면 엄청난 스트레스가 되죠."

김 변호사에 따르면, 집단소송의 변호사는 상대방으로부터 공격을 받는 경우도 적지 않다. 상대방이 집단의 의뢰인들보다도 변호사를 타깃으로 삼아 반격하기 때문이다.

피고 회사 고소로 변호사 구속되기도

"집단소송의 특징은 의뢰인들은 상대적으로 무관심하고 변호사가 오히려 가장 큰 이해관계를 가진 경우가 많아요. 의뢰인 개개인은 승소금액이 그리 크지 않기 때문인데, 어떻게 보면 변호사의 자기 사건인 거예요. 변호사 스스로 소송의 주체가 되는 것이나 마찬가지죠. 그러면 상대방 입장에서는 변호사만 공격하면 효과적으로 방어할 수 있다고 생각해서 변호사를 타깃 삼아 공격하는 경우를 생각할 수 있어요. 실제로 집단소송의 피고가 되었던 회사가 원고 측 변호사의 비리를 캐 형사고소하는 바람에 구속된 사례가 있는데, 집단소송 변호사는 이런 점에서도 자기관리를 철저히 할 필요가 있어요."

김 변호사는 이어 "변호사에게 1명이든 100명이든 의뢰인이 있으면, 변호사가 의뢰인을 위해 뛸 때는, 변호사로서의 특권이 있기 때문에 누구든 변호사를 건드리기 어렵지만, 의뢰인과의 관계가 단절되는 순간 위험에 처할 수 있다"고 우려하고, "군대는 저 뒤에 있는데 나 혼자 앞에서 칼싸움하게 되면 장렬하게 전사할 수 있다"고 거듭 의뢰인과의 긴밀한 관계를 강조했다.

또 하나 김 변호사가 주의를 당부하는 대목은 여러 사람이 당사자로 참여하는 집단소송의 속성상 흔히 등장할 수 있는 카페지기, 피해자모임 대표 등 중간 모집책과의 관계. 김 변호사는 "모두 그런 것은 아니지만, 이런 사람 중에 사람을 모아왔으니 얼마를 달라는 식으로 뒷돈을 요구하는 경우가 있는데 그러면 변호사법 위반 문제가 발생할 수 있다"고 지적했다. 또 "중간에 있는 사람들이 '저 사람 훌륭한 변호사다', '반드시 이긴다고 한다' 이런 식으로 소송을 부추기고 소송 결과에 대해 과장해 얘기할 수 있다"며 "이렇게 되면 나중에 의뢰인과의 사이에 분쟁이 발생할 수 있다"고 주의를 당부했다.

김 변호사는 이런 사정을 감안, 한누리에선 아무리 대표가 있어도 그런 사람들하고는 계약을 하지 않고, 백 명이 되었건 천 명이 되었건 그 천 명 한 명 한 명이 다 의뢰인이기 때문에 그들로부터 개별적으로 수임계약을 체결하고 위임장을 받아 제출한다고 소개했다. 사건 초기 수임을 받는 것에 급급한 나머지 연명으로 서명을 받거나 아니면 도장 받아서 위임장을 만드는 식으로 했다간 나중에 '소송에 동의하지 않았는데 내 이름이 들어갔다'고 불만을 제기하는 등 엉망이 될 수 있다고 했다. 시작 단계에서 의뢰인 개개인으로부터 동의를 받아 위임관계를 확실하게 해야 한다는 게 김 변호사의 확고한 입장이다.

김 변호사는 "당사자가 1,500명이 넘었던 현투증권 사건에서도 당사자별로 모두 개별 위임을 받아 소송을 수행했다"며 "대표가 선정되고, 대표랑 계약을 하고 이렇게 되면 문제가 생길 수 있다"고 지적했다.

그에 따르면, 소송비용 등 돈 문제도 조심해야 한다. 예컨대 당사자 모임에서 5,000만원을 걷어 변호사에게 소송비용으로 2,000만원을 주고 3,000만원을 조합 운영비로 썼다. 하지만 나중에 소송에 쓴다고 해서 걷어줬는데 어떻게 된 것이냐고 하며 5,000만원 전체에 대해 변호사에게 문제를 제기할 수 있다는 것이다. 김 변호사는 "엄밀히 말하면 변호사하고는 상관없는 일이지만, 자칫 잘못하면 피해자들의 내부문제에까지 변호사가 끌려들어 가게 될 수 있다"고 우려했다.

법무법인 한누리의 홈페이지에 보면, 한누리는 집단소송에 임하는 자세로 진실, 정직, 최선의 세 가지 모토를 제시하고 있다. 너무 당연한 말 같지만, 김주영 대표변호사는 여기에도 깊은 뜻이 담겨 있다며 차례대로 설명을 이어갔다.

-진실을 가장 먼저 강조한 이유가 있을 것 같다.

팩트 찾아 탐사소송 추구

"무엇보다도 진실에 입각한 변론이 가장 힘이 있다는 게 한누리의 생각이다. 어떤 변호사가 30~40%만 보고 소송을 한다면 우리는 70~80%까지 팩트를 찾아서 임한다. 그것이 한누리의 모토다. 탐사보도라는 얘기가 있는데, 우리는 어떻게 보면 탐사소송을 추구한다.

사건을 맡아보면 피해자들도 자기들이 어떻게 당했는지 잘 모르는 경우가 많다. 복잡한 파생상품에 투자했다가 손실을 본 경우 파생상품의 구조가 어떻고 왜 손실이 발생하는지에 대해 알아야 되는데 그걸 피고는 알려주지 않고, 원고들은 모르는 상태에서 한누리가 나서 진실을 찾아가는 식이다. 우리가 수사를 하고 있나, 이런 생각이 들 때도 여러 번 있다. 한누리가 그동안 한두 건을 제외하고 거의 승소할 수 있었던 이유는 바로 이 진실을 탐구하는 변론전략에 있었다고 해도 과언이 아니다.

소송전술도 구석명(求釋明)신청이라든지 문서목록제출명령신청, 문서제출명령신청, 전문가 증인의 활용 등 진실에 가까이 갈 수 있는 그런 방법을 중시한다."

-두 번째는 정직인데, 누가 정직하지 않고 누구에게 정직해야 한다는 말인가.

"수많은 당사자가 관련되는 원고소송, 집단소송에선 참 정직하지 않은 경우가 많을 수 있다. 물론 변호사가 의뢰인에게 정직해야 한다는 말이다. 집단소송의 변호사가 의뢰인을 대하면서 승소 전망이나 진행 상황, 보수 조건 등과 관련된 사실을 속일 수 있다는 것이다.

한 번은 이런 일이 있었다. 비유로 얘기하면, 한창 집단소송이 진행 중인데 상대방 측으로부터 원고 측을 대리하는 우리한테 70 정도에 합의하자 그러면 변호사에게 별도로 10을 주겠다며 합의를 제의해 왔다. 우리가 청구한 것은 100인데, 이렇게 되면 상대방 측은 20을 깎아 80에 합의하는 셈이 된다. 변호사로서도 밑질 게 없는 장사였다. 배상액의 10%를 성공보수로 받기로 했다고 할 경우에 청구한 100을 모두 받으면 성공보수 10을 챙길 수 있다. 하지만 70에 합의를 해주고 별도로 10을 받으면 성공보수로 17을 챙기게 되어 오히려 이득이 되는 결과였다. 상대방 측에서 슬쩍 얘기하던데, 물론 '절대로 안 된다'고 일언지하에 거절했다. 집단소송에선 원고 측 변호사가 그만큼 사건에서 주도적이다 보니 이런 유혹을 많이 받을 수 있다."

변호사에게 유혹 많은 집단소송

김 변호사에 따르면, 한누리는 이 사건에서 97% 선에서 합의했다. 상대방이 당초 제시한 합의안보다 17, 변호사 몫을 뺀 70을 기준으로 하면 27을 더 내놓은 것이다.

김 변호사는 "집단소송에서 제일 중요한 것은 의뢰인으로부터의 신뢰"라고 전제하고, "의뢰인으로부터 신뢰를 받고 그것을 끝까지 유지하려면 정직해야 한다"고 주문했다. 의뢰인들이 큰 관심을 보이지 않고, 유혹이 많지만 그럴수록 정직해야 한다는 게 그의 의견이다. 그는 "정직하지 않으면 금방 다 알게 된다"고 거듭 정직을 강조했다.

집단소송이 발달한 미국에선 유명한 집단소송 전문 변호사가 사건을 맡아 소송을 준비한다고 하면 피고가 될 상대방 기업에서 소 제기 전에 합의를 제의해 해결하는 경우도 적지 않다고 한다. 이렇게 되면 소송을 내지 않고도 피해자들에게 배상을 해 줄 수 있고, 변호사는 힘 안 들이고 성공보수를 챙길 수 있다.

김주영 변호사는 이와 관련, "아직 이런 제의를 받아 본 적은 없다"고 선을 긋고, "대기업으로부터 고문을 맡아 달라는 요청을 받은 적은 더러 있으나 장래 발생할지 모르는 컨플릭트(conflict)를 감안해 사양하고 있다"고 말했다.

-한누리의 모토 세 번째가 최선이다. 이것에 대해서도 부연 설명할 것이 있나요.

"두 가지를 얘기하고 싶다. 우선 한누리가 좀 끈질기다는 평가를 받고 있다. 무슨 얘기냐면 처음에는 대개 최선을 다하지만, 시간이 지나면서 점점 관심이 줄어들고 지치고 또 사람들이 바뀌면서 흐지부지 될 수 있는 게 집단소송이다. 이런 점에서 끝까지 최선을 다한다는 게 매우 중요하다.

그러나 각오만으로는 부족하고, 재정적인 안정성, 인적 구성의 안정성 이런 것들이 뒷받침되어야 오래 비틸 수 있다. 로스쿨생들끼리 서로 정보를 교환하는 사이트에서 한누리를 높게 평가하고 있다는 얘기를 들은 적이 있는데, 일단 사건을 맡으면 끈질기게 최선을 다하는 그런 자세로 집단소송에 임하고 있다.

"포기하지 말고 끝까지 최선 다해야"

또 하나 내가 승부근성이 있다는 말을 많이 듣는데, 후배 변호사들한테도 한 건을 깊이 있게 해 보라는 주문을 자주 한다. 집단소송을 해 보면 상대방 대리인으로 일류 로펌, 전관 출신 등 쟁쟁한 변호사들을 많이 만나게 된다. 포기하지 말고 끝까지 최선을 다하라는 주문이 집단소송 변호사에겐 아무리 강조해도 지나치지 않은 말이다."

김주영 변호사는 사법연수원과 서울지방변호사회 등의 강의에 자주 나서는 인기 강사로도 유명하다. 그의 단골 강의 주제는 '변호사 사무실 운영 노하우'와 '증권거래법'. 증권거래법 강의에선 분식회계나 주가조작 등에 대한 피해구제 방법, 금융상품에 투자했다가 상품 판매사나 자산운용사의 불법행위로 손실을 본 투자자 피해소송 등에 대해 많이 강의한다.

그는 강의에서도 비슷한 조언을 하다며 집단소송의 투기적 성격에 대해 다시 한 번 주의를 당부했다.

"대박에 대한 환상, 로또 사는 식으로 집단소송에 뛰어드는 변호사들이 있는데, 그러면 마치 직장생활은 충실하게 안 하면서 로또만 기다리는 사람처럼 변호사가 이상해질 수 있어요. 한방 크게 터트리고 변호사 그만둬야지 하는 그런 변호사도 여러 명 보았는데, 이런 자세는 변호사 본인을 위해서도 안 좋고 정말 위험해요. 미국에도 집단소송 하다가 파산한 변호사들이 많이 있다고 들었어요. 특정 사건에 너무 몰입해 집착하다가 그 사건이 잘 안 되면 파멸하는 거예요. 또 사건 유치를 위해 자가용 비행기 타고 다니면서 무리수를 두다가 기업들로부터 역공을 당하기도 하고, 결국 로펌이 둘로 쪼개진 경우도 있다고 해요."

그는 "작은 사건을 가지고 온 한 의뢰인을 도우려다 보니까 여러 사람을 돕게 되고 또 다른 사람이 오게 되고 이렇게 하면서 자연스럽게 집단소송으로 발전해야 하는데, 피해자가 많으니까 이만큼 돈이 되겠다 이런 식으로 접근하면 위험하다"고 거듭 힘주어 말했다.

또 하나 그가 강조하는 것은 집단소송을 추구하더라도 보통의 일반 사건을 외면하지 말라는 것. 김 변호사는 "집단소송을 수행하다 보면 성공보수 등에 있어서 집단소송과는 비교되지 않는 자잘한 사건들이 양에 안 차 보이는 유혹에 빠질 수 있다"고 지적하고, "그러나 변호사 사무실엔 이런 작은 사건들도 중요하다"고 말했다.

모두 12명의 변호사가 포진하고 있는 한누리는 이런 원칙 아래 일반 민, 형사, 가사, 행정소송 등도 폭넓게 수행하고 있다. 한마디로 사건을 차별하지 않고, 의뢰인을 차별하지 않는다고 한다. 한누리는 홈페이지에서 "진실에 반하지 아니하고 정당하고 합법적인 수단에 의존한다는 원칙을 지킬 수 있고, 합당한 보수가 지불되는 한 어떠한 사건이라 할지라도 소중하게 처리해 드릴 것을 약속드린다"고 명시하고 있다.

"행복을 추구하면 절대로 행복해질 수 없다고 하지요. 사명(使命)을 쫓으면 돈도 따라오고, 행복이 따라옵니다." 독실한 크리스천으로서 선의의 소액 투자자들을 보호해야겠다는 일종의 사명감으로 임하고 있다는 그가 보통 몇 년씩 걸리는 집단소송을 수행하며 깨달았다는 집단소송 수행의 또 다른 원칙이다.

'기업법무의 리베로'

법무법인 리앤파트너스

LEE & Partners
법무법인 리앤파트너스

www.leepts.com

변호사가 10명 안팎인 이른바 부티크 로펌이 처리할 수 있는 업무범위는 어느 정도일까? 로펌에 따라 다르겠지만, 이승재 변호사가 이끄는 법무법인 리앤파트너스를 보면, 거의 제한이 없다고 해도 틀린 말이 아닌 것 같다.

리앤파트너스는 이승재 대표 등 법무법인 세종에서 경험을 쌓은 3명의 변호사를 포함해 2022년 현재 모두 7명의 변호사로 진용을 갖춘 기업법무에 특화한 중소 전문 로펌이다. 그러나 대규모 자산의 매각 등 부동산 거래 자문, 초기 투자에서 운영, 경영권 분쟁 대응, 해외진출 및 투자신고까지 경영 전반에 걸쳐 필요한 법률서비스를 제공하는 스타트업 자문, 암호화폐 등 첨단기술 관련 자문과 형사사건 대응, 상속분쟁 해결 등 기업이나 고액 자산가 등이 자주 부닥치게 되는 다양한 사건에서 성공적인 결과를 이끌어내며 가장 인기 있는 기업법무 부티크 중 하나로 발전을 거듭하고 있다.

무엇보다도 성공적인 결과를 이끌어낸 구체적인 업무실적이 리앤파트너스의 경쟁력을 잘 말해준다.

가상화폐 거래소 변호 잇따라 성공

리앤파트너스의 이승재 변호사팀은 400억원대의 고객 예탁금을 빼돌려 특경가법상 사기와 배임 등의 혐의로 구속기소된 가상화폐 거래소 코인네스트의 대표자에 대한 형사사건 변호를 맡아 1심에서 기소된 혐의내용 중 절반에 해당하는 사기 부분에 대한 무죄 판단과 함께 의뢰인을 집행유예로 풀어내는 고무적인 결과를 이끌어냈다.

이승재 변호사는 "이전부터 해당 업체에 대해 자문해 왔는데, 대표가 구속되면서 형사변호까지 맡게 되었다"며 "일반인에 대해선 피해가 발생하지 않아 사기가 안 된다는 점을 집중적으로 부각시켜 변론한 전략이 주효했다"고 말했다.

이 변호사팀에선 또 새로운 유형의 가상화폐 채굴형 거래소인 뉴비트 거래소의 형사사건을 맡아 1년 넘게 법리 개진 등 적극적인 변론을 펴 경영진의 보석과 공소장변경 결정 등 의미 있는 성과를 거두고, 가상화폐 거래소의 연결계좌들에 대한 거래정지를 성공적으로 풀어냈다. 금융감독원과 관련 금융기관을 상대로 해당 계좌들은 정당한 상거래 계좌임을 주장해 관철시킨 것이다.

리앤파트너스는 인터넷을 뜨겁게 달구었던 FXONE 등 FX마진거래나 주식 리딩방 등 첨단 경제·금융범죄에 대한 대응에서도 두

이승재 변호사

각을 나타내고 있다. 가상화폐 가격이나 주가지수에 연동된 투자상품이라고 광고하며 1분 이내 짧은 시간의 지수 등락에 투자하는 금융상품 관련 범죄, 수백억 원대의 투자프로그램 사기, 유사수신, 수천억 원대에 이르는 대형 기획부동산 사기 사건 등이 구체적인 사안으로, 이승재 변호사는 "이러한 종류의 FX마진거래 상품 판매나 FX대여계좌 제공은 자본시장법 위반 소지가 크고, 나아가 기초자산에 대한 투자가 전제되지 아니하는 등 일정한 경우에는 정상적인 '투자상품의 거래'라기보다는 도박상품의 판매 즉, '도박 개장'으로 의율될 위험성도 있다"고 주의를 당부했다. 이 변호사는 그러나 "FX마진거래 사이트의 개설 및 운영과 관련하여 명확하게 불법성에 대한 인식이 어려웠을 수 있다는 점 등을 적극적으로 주장하여, 사이트 개설 및 운영에 관여한 피고인들에게 각각 수백억에서 수십억 원에 이르는 범죄수익이 인정되었음에도 불구하고 피고인 전원에 대하여 집행유예 판결을 받아냈다"고 소개했다.

이처럼 다양한 종류의 형사사건을 많이 맡아 변호하는 것을 보면 승소율이 높다는 얘기인데, 이승재 대표는 오랫동안 기업자문을 수행하며 축적된 기업법무의 전문성과 가상화폐 등 새로운 사안에 대한 리앤파트너스 변호사들의 깊이 있는 이해와 발빠른 동향 파악을 성공비결로 제시했다. 리앤파트너스는 실제로 기업인이나 자산가 등의 재산범죄, 금융범죄 변호에서 좋은 성과를 도출해 내는 경우가 많다. 이승재 변호사는 "형사사건 변호에서 중요한 것은 담당 변호사가 '고위 전관 출신'이냐 아니냐가 아니라 빈틈없는 논리로 사건에 대응하고, 사건기록을 꼼꼼하게 검토하여 의뢰인에게 유리한 정황이나 증거를 놓치지 않고 찾아내 제시하는 것"이라고 힘주어 말했다.

종종 형사 전문 법률사무소 아니냐는 말을 들을 정도로 다양하게 형사사건을 처리하는 리앤파트너스에선 도박사이트에 투자했다가 조세범처벌법 위반 혐의로 추가 기소될 뻔한 건설사 대표를 변호해 국세청의 고발 자체를 무산시키는 성과를 거두기도 했다. 부가가치세 납부의무가 없다는 판단을 받아낸 결과로, 리앤파트너스의 한 변호사는 "기업인 등이 관련된 도박사건에선 도박 충전액을 재화 등의 공급으로 인한 매출액으로 볼 수 있어 조세법 등과 연계지어 도박사건 단계부터 계좌분석 등 철저한 대비가 필요하다"고 조언했다.

IP, PF 분쟁에서도 성과

리앤파트너스의 변호사들은 지식재산권 분쟁, 건설사 등이 관련된 PF사업 관련 분쟁 등 민·상사 분쟁에서도 많은 성과를 내고 있다. 인기 혼성 듀오인 어쿠스틱 콜라보를 대리해 대한상사중재원에서 소속사를 상대로 전속계약의 해지를 확인하고, 미지급 정산금을 지급하라는 승소 취지의 중재판정을 받은 사건이 리앤파트너스가 IP 분쟁에서 실력을 발휘한 대표적인 케이스로, 연예인 등의 전속계약은 계속해서 그룹활동 등을 해야 하기 때문에 한 번의 판정으로 신속하게 분쟁을 해결하는 중재조항을 넣는 경우가 많다. 상사중재원은 이 사건에서 소속사가 낸 위약금 청구를 기각했다.

리앤파트너스의 이승재 변호사 팀은 기업가치 약 8,000억원의 국내 대형 스타트업의 주주간 분쟁을 맡아 얼마 전 합의를 도출했으며, 수백억원대의 상속 관련 소송에서도 2022년 4월 거의 전부 승소 판결을 받았다. 또 유튜브에서 활동하는 방송채널 운영자를 맡아 국제단체의 고발을 성공적으로 방어하기도 했다.

이승재 변호사는 "가상화폐 등 폭발적으로 신산업이 생겨나고 사라지는 등 세상의 변화가 워낙 빠르게 진행되며 기존에 없던 새로운 유형의 분쟁, 사건이 많이 발생하고 있다"며 "변호사 입장에선 무엇보다도 산업의 변화를 빠르게 읽어내고 기존 법리의 틀을 최대한 의뢰인에게 유리하도록 유연하게 해석, 적용할 수 있는 능력이 있어야 이런 분쟁에 휘말리는 의뢰인들을 도울 수 있을 것"이라고 말했다.

자문 쪽에서도 400억원대의 부동산 매각 건을 의뢰받아 성공적으로 거래를 마무리한 리앤파트너스는 미사 신도시의 복합상가 건설에 관련된 시행사 분쟁사건에서도 도산위기 상황을 슬기롭게 해결한 데 이어 지금은 정상적인 사업 진행에 대한 자문을 제공하고 있다.

세종 출신의 황백림 독일변호사와 유진영 뉴욕주 변호사가 함께 포진하고 있는 리앤파트너스는 외국계 기업의 국내 진출 및 국내 기업의 해외 진출에 관련된 국제업무에서도 외국환거래 신고 등 다양한 이슈에 걸쳐 원스톱 서비스를 제공하고 있다.

국내 대기업 계열사의 독일 소재 해외기업 인수 거래에 자문하고, 국내 바이오기업의 한독 합작법인 정산에 관련된 독일에서의 소송을 맡아 조정으로 원만하게 해결했으며, 국내에서 진행 중인 발전사업 관련 분쟁에서 유럽계 회사를 대리하고 있다.

외국 법인 등기서비스 등 인기

리앤파트너스는 외국 법인의 국내 법인에 대해서도 주주총회 소집통지부터 반드시 필요한 등기의 변경, 일상적인 법률자문까지 1대1 밀착서비스를 제공하며 자문대상을 확대하고 있다.

요컨대 대형 로펌에서 익힌 전문성을 살려 대형 로펌이 처리하기엔 부적절한 틈새시장을 찾고 이를 확대해 나가고 있는 셈인데, 리앤파트너스의 시도는 매우 성공적인 것으로 나타나고 있다.

이승재 변호사는 "대형 로펌에선 잘 처리하지 않고, 그렇다고 아무에게나 의뢰할 수는 없는 틈새시장에 리앤파트너스와 같은 강소 로펌들에게 기회가 있다"며 "이러한 강소 부티크에선 대형 로펌보다 훨씬 합리적인 비용으로 신속하면서도 매끄럽게 사건을 처리할 수 있어 이 점에서도 클라이언트의 만족도가 높다"고 덧붙였다.

이승재 변호사는 서울대 법대를 나와 제50회 사법시험에 합격했으며, 2011년 법무법인 세종에서 변호사 생활을 시작했다. 2015년 세종에서 독립해 세종 출신 변호사들과 함께 중소 부티크를 운영하다가 2017년 4월 법무법인 리앤파트너스를 설립했다.

'보험법 자문만 30년'

법률사무소 광화

법률사무소 광화
BELIGHT LAW OFFICE

www.광화.kr

법률사무소 광화는 보험 사건에 특화한 보험 부티크로 유명한 법률사무소다. 30년간 보험법 한 우물만 파온 박성원 변호사가 후배 변호사들을 지휘해 보험에 관련된 수많은 사건을 처리하고 있다. 박성원 변호사가 법률사무소로 광화로 독립한 것은 2005년이지만, 그의 보험법 자문은 변호사 생활을 시작한 1991년부터 시작되었다.

광화의 업무파일을 들춰보면, 사망과 상해, 질병사고, 각종 암과 질병 등의 진단 및 입원보험금과 관련한 인보험, 화재보험, 제조물책임보험, 건설공사보험, 재산종합보험, 의사, 약사, 변호사, 회계사 등의 전문인배상책임보험 등 다양한 보험소송과 보험금 지급 후의 구상금 소송 등이 유형별로 망라되어 있다.

특히 분쟁이 잦아지고 있는 건설공사보험, 임원배상책임보험, 변호사배상책임보험 등의 사건에서 새로운 판례의 개척 등 선도적인 역할을 하고 있는 가운데 보험 분야의 전문성이 알려지며 다른

박성원 변호사

변호사들도 어려운 보험 사건을 맡으면 광화에 공동대리 등의 협업을 요청하는 경우가 적지 않다고 한다.

박 변호사는 1994년 10월 사실혼 배우자의 피보험자성 여부에 관한 대법원 판결을 이끌어낸 것을 비롯하여 2000년 6월 선고된 이른바 구 엘지화재해상보험의 '포도봉지 사건'에서 제조물책임보험계약에서의 보험 사고의 의미를 정의하는 대법원 판결을 받아내는 등 보험 분야에서 리딩케이스가 된 선례들을 다수 축적하여 왔다.

포도봉지 사건에서 대법원은 "영업배상책임보험의 보험사고는 봉지가 파손된 자체가 아니라 봉지의 파손으로 인하여 포도재배 농가들에게 포도 생산량의 감소 또는 상품 가치의 하락이라는 피해가 발생한 것을 말한다"고 판시했다. 또 아직 보험 사건에 관한 판례 축적이 미진했던 1998년 5월에 나온 대법원 판결에선 현대해상화재를 맡아 상해보험에서 자주 쟁점이 되는 '급격하고도 우연한 외래의 사고'에 대해 보험수익자들의 입증책임을 명확히 하는 판단을 받아냈다.

광화에선 보험사 쪽을 대리하여 방어에 나서는 경우가 많다.

광화는 2016년 8월 캐나다 원자력발전소가 월성원자력발전소의 수명 연장을 위한 칼란드리아튜브 교체공사 중 누수로 인한 손해에 대하여 국내 보험사를 상대로 제기한 보험금청구소송에서 두 보험사 중 한 곳을 대리해 원고의 청구를 각하하는 승소 판결을 이끌어냈다. 보험계약을 체결하면서 중재합의를 했다면 피보험자에게도 합의의 효력이 미친다는 것이 이 사건을 맡은 서울중앙지법 재판부의 판단이다.

2019년 1월엔 대우조선해양의 분식회계와 관련, 대우조선해양의 임원배상책임을 순서대로 인수한 두 보험사 중 어느 보험사에 책임이 있는가가 다투어진 사실상 두 보험사 간 소송에서 메리츠화재를 대리해 '손해배상청구가 일어날 가능성이 있다'는 정황통보가 메리츠화재가 책임을 인수하기 전인, 다른 보험사의 보험기간 중에 있었다는 점을 주장, 입증해 메리츠화재엔 책임이 없다는 두 건의 승소 판결을 받아냈다. 또 시운전 중 복수기 튜브가 파손되어 수리비와 불가동손실 등 약 30억원의 피해가 발생한 포천복합화력발전소 사고와 관련해 시공사가 시운전업체를 상대로 낸 손해배상청구소송에서 시운전업체가 든 보험회사의 의뢰로 피고 측 대리인으로 나서 청구액의 90%를 막아내는 등 피해가 큰 대규모 사고에서 실력을 발휘하고 있다.

광화는 이 외에도 쓰레기 매립지에서 발생하는 메탄가스를 포착하여 발전기를 돌리는 친환경 발전소에서 발생한 발전기 코일 및 회전자 파손 사고와 관련, 보험사가 보험금을 지급하고 건설사를 상대로 제기한 구상금 소송, 삼성자동차 보증보험 구상 사건, 현대자동차와 할부금융기관의 할부금융보증보험계약과 관련한 보증보험금 사건 등에서 보험사를 대리하는 등 다방면으로 활약하고 있다.

최근 광화에서 자주 수행하는 사건 중 하나는 변호사나 공인회계사 등 전문직 종사자가 의뢰인들로부터 손해배상청구소송을 당해 손해배상책임을 지게 되었을 때 이를 커버하는 전문인배상책임보험 관련 소송으로, 광화의 변호사들이 변호사의 변호사로서의 역할을 수행하는 셈이다.

전문인배상책임보험 소송도 단골

"보험상품이 다양화되고, 보험사고와 관련된 새로운 유형의 분쟁이 갈수록 늘어나고 있어요."

박성원 변호사는 "보험상품이 다양해지고 사건이 전문화, 특수화된다는 것은 그만큼 우리나라의 산업과 경제구조가 고도화되고 있다는 증거"라며 "보험법도 이론이 대립되고 새로운 논점이 등장하는 등 갈수록 진화하고 있다"고 소개했다.

광화는 방위사업청이 해외에 수출한 무기가 운송과정에서 손상을 입자 보험금을 지급한 손해보험협회를 대리해 운송인을 상대로 억대의 구상금 청구소송을 제기, 1, 2심에서의 판결이 엇갈린 가운데 대법원에서 상고심을 진행 중에 있다. 특히 이 소송은 운송계약의 준거법인 영국 해상법상 보험자 대위가 인정되는지 여부 등이 쟁점 중 하나여서 대법원의 최종 판단이 주목된다.

광화는 보험사를 많이 대리하는 편이지만, 매달 받는 연금수령액이 당초 계약보다 적다며 보험계약자들이 차액의 지급을 요구하며 삼성생명을 상대로 낸 이른바 즉시연금 소송에선 원고 측 대리인으로 활약하고 있다. 금융감독원 금융분쟁조정위원으로서 이

사건의 분쟁조정에도 참여했던 박성원 변호사에게 금감원이 소송대리를 요청, 일종의 공익소송의 일환으로 보험계약자들을 대리하게 되었다는 후문이다.

프로세스 꼼꼼하게 체크해 좋은 결과 담보

광화의 변호사들은 특히 관련 논점을 철저하게 챙기고 프로세스를 중시하는 것으로 정평이 나 있다. 박 변호사는 "프로세스를 잘 체크해 나가다보면 결과는 저절로 좋게 나오게 되어 있다"며 "전문성과 함께 꼼꼼하고 세세하게 최선을 다해 사건을 챙기는 것이 우리 팀의 트레이드 마크"라고 강조했다.

무궁무진한 보험법의 세계에 매료되어 보험사건에 특화하게 되었다는 박성원 변호사는 서울대 법대를 졸업하던 해인 1985년 제27회 사법시험에 합격했다. 거의 대부분의 보험사를 대리하고 있으며, 금융감독원의 금융분쟁조정위원, 각종 공제기관의 분쟁조정 전문위원, 대한상사중재원의 중재인 등으로 활동하고 있다.

'김앤장 맞수'

특허법인 AIP

AIP Patent & Law Firm

www.aiplaw.com

2003년 문을 연 특허법인 AIP는 'Intellectual Property' 분야에서 'Ace(최고)'라는 의미로 머리글자를 따다 지었다고 한다. 이름대로 특허 분야에서 높은 전문성을 자랑하며 수많은 사건에서 승전보를 이어가고 있다.

특히 외국 기업의 공격에 맞서 국내 기업을 대리하는 경우가 상대적으로 많고, 로펌 중에선 김앤장 법률사무소와 서로 상대방이 되어 대리전을 펼치는 경우가 잦다고 한다.

드럼세탁기 분쟁 승소

엘지전자를 대리하여 대우일렉트로닉스 등을 상대로 2004년부터 약 10년간 치열하게 맞붙었던 트롬 드럼세탁기 특허분쟁과 휘센 에어컨 특허분쟁, 딤채 김치냉장고 특허분쟁에서 모두 승소한 것이 AIP를 소개할 때 가장 먼저 얘기되는 승소 사례이며, LED 업계 세계 1위 기업인 일본 니치아화학이 LED 업계 국내 1위 기업인 서울반도체를 상대로 제기한 LED칩 특허소송에서도 서울반도체를 대리하여 전부 승소했다. 드럼세탁기 사건과 LED칩 분쟁 모두 김앤장이 상대방 대리인이다. 서울반도체 사건에선 소송에서 이긴 후 두 회사가 전 세계 시장을 상대로 특허 크로스 라이선스를 체결, 서울반도체가 크게 발전하는 데 핵심적인 역할을 했다.

김앤장이 대리한 일본 유야마가 약품 자동포장기 국내 제조업체인 제이브이엠을 상대로 제기한 특허소송에서도 전부 승소해 제이브이엠이 이 분야 세계적인 강소기업으로 성장하는데 결정적인 기여를 했으며, 반도체 장비 제조 국내 최대 업체인 삼성 계열 세메스를 대리하여 한미반도체와의 반도체 장비 특허분쟁에서 대부분 승소함으로써 양사가 합의를 하는데 중요한 역할을 담당했다.

또 대법원까지 가는 송사 끝에 2015년 4월 화이자의 패소가 확정된 비아그라 물질특허 다툼도 AIP가 활약한 사건 중 하나로, AIP는 CJ 측을 대리해 다른 국내 제약사들과 함께 승소를 이끌었다. 이 사건에서 대법원은 비아그라의 주성분인 실데나필의 특허 등록이 무효라고 판결했다.

'리프팅 실' 특허소송 승소

이 외에 상표 분야의 사건으로, 다이소를 대리하여 다이소와 다사소가 유사하다는 최종 판단을 받아낸 AIP는 박근혜 전 대통

왼쪽부터 이성규, 이재웅 변리사, 이수완 변호사, 조진태, 윤종섭 변리사가 AIP 로비에서 포즈를 취했다. AIP는 변호사 6명에 변리사 12명으로 변리사가 더 많다.

령의 비선 진료 의혹이 제기된 김영재 원장의 부인인 박채윤씨가 대표로 있는 와이제이콥스메디칼의 특허소송을 수행, 또 한 번 유명세를 탔다.

와이제이콥스메디칼이 김 원장이 개발해 특허를 받은 '리프팅 실' 기술을 이전받아 피부리프팅 시술키트를 1년에 100억원어치씩 일본의 병원에 수출해 왔으나, 국내의 A사가 유사 제품을 만들어 이 병원에 수출하자 와이제이콥스가 특허침해금지와 손해배상을 청구한 사건으로, 대법원까지 오가는 다툼 끝에 AIP의 주장대로 '리프팅 실' 기술에 대한 특허권을 인정받고 손해배상을 받아내는 승소 판결로 마무리되었다.

변호사와 변리사의 협업을 강조하는 특허법인·법률사무소 AIP엔 모두 6명의 변호사와 12명의 변리사가 근무하고 있다.

창업멤버인 조진태, 이재웅, 윤종섭 변리사와 제약, 화학, 바이오 사건 등이 전문인 이성규 변리사, 대검찰청 특허자문관으로 있다가 2010년에 합류한 정현수 변리사 등이 AIP를 소개할 때 먼저 이름이 나오는 주인공들이다.

조진태, 이재웅, 윤종섭 변리사 모두 특허청 심사관과 특허심판원 심판관 또는 연구관 등으로 경력을 쌓았으며, 조진태 변리사는 특허법원 기술심리관, 이재웅 변리사는 특허법원 기술심리관, 대법원 특허조사관 등으로도 근무했다. 이성규 변리사는 또 코리아나 특허에 이어 일본 특허사무소에서도 경험을 쌓은 동경대 출신의 바이오 전문가이며, 이재웅 변리사도 제약 및 화학, 바이오 쪽의 소송전문가이다. 이에 비해 윤종섭 변리사는 기계와 전자, 조진태 변리사도 기계, 정현수 변리사는 전기전자와 지식재산권 범죄에 다양한 경험을 축적한 전문가로, 변리사들의 전문분야가 각각 달라 시너지가 크다고 이수완 대표가 소개했다.

변리사들의 기업체 근무 경험이 풍부한 것도 AIP가 내세우는 강점으로 꼽힌다. 조진태 변리사는 현대중공업과 삼부토건에서, 윤종섭 변리사는 현대모비스 기술연구소 과장으로, 이성규 변리사는 8년간 고등기술연구원 특허과장 및 기술이전팀장으로 근무하며 경험을 쌓았다. 또 강범석 변리사는 6년간 엘지전자 특허센터와 서울반도체 법무팀 차장으로, 고성무 변리사는 3년간 주식회사 피죤의 지식재산권 담당 과장으로, 김창영 변리사는 하이닉스반도체 연구소에서 5년간 공정개발업무 담당 연구원으로, 김희경 변리사는 한일약품에서 연구원으로 근무했다.

4년 전 자체 사옥 마련

한국을 대표하는 특허전문 로펌 중 한 곳인 AIP는 변호사, 변리사 외에 전문직원 등을 합쳐 전체 직원이 약 60명에 이른다. 외국 특허로펌과의 국제협력 강화 등을 꾸준히 추진하며 글로벌 로펌으로의 발전을 지향하는 AIP는 역삼동에 자체 사옥도 보유하고 있다.

'특허사무소 진출 1호' 이수완 변호사

"호랑이를 잡으려면 호랑이굴에 들어가야 한다는 말이 있잖아요. 특허 등 IP 소송을 전문으로 하기로 마음먹고, 특허사무소에 합류한 것이죠. 그리고 그때만 해도 IP 분야가 발달한 법률회사도 별로 없었어요."

특허법인 AIP 대표로 있는 이수완 변호사(사법연수원 16기)는 1987년 사법연수원을 마치고 특허사무소에서 변호사 생활을 시작한 보기 드문 경력의 소유자다. 지금은 로스쿨 제도가 도입되어 변호사 중에 특허사무소로 진출하는 변호사들이 꽤 있지만, 당시만 해도 이 변호사가 특허사무소로 진출한 최초의 변호사였다. 이어 1998년 3월 특허법원이 문을 열자 1기 재판부 판사로 임용되어 대법원 재판연구관까지 5년간 법원에서 근무한 그는 2003년 AIP 특허사무소를 열어 종합특허로펌으로 발전시켜 가고 있다. 특허 등 IP 업무만 32년째. IP를 빼고는 얘기할 수 없는 'IP 전문 변호사'가 이수완 대표의 30년이 넘는 법조경력이다.

코리아나 특허에서 변호사 시작

"특허사무소에 합류한 건 대학동기의 권유 때문이었어요. 나보다 먼저 사법시험에 합격해 IP가 발달한 법률사무소에서 근무하던 대학동기 변호사가 코리아나 특허에서 변호사를 영입하려고 하는데 괜찮을 것 같다며 추천했는데, 특허를 배우려면 특허사무소에 들어가야 한다고 생각해 코리아나 특허에서 변호사 일을 시작했습니다."

코리아나 특허는 특허청장을 역임한 고(故) 이준구 변리사가 설립한, 당시 '빅 3'에 드는 특허사무소 중 하나로, 특허 제약 분야와 국제사건을 많이 다루는 것으로 유명했다. 이수완 변호사는 "특허 관련 분쟁사건이 많았던 코리아나에서 변호사를 영입하려고 후보를 찾고 있었는데, 사법연수원을 막 마친 내가 시기가 맞아 첫 케이스로 입사하게 되었다"고 말했다.

코리아나 특허에 합류한 이 변호사는 특허분쟁을 도맡아 처리했다. 또 이때 주로 일본에서 나온 책과 논문 등을 보면서 특허법을 집중적으로 공부했다고 한다.

특허실체법 첫 석사논문

이 변호사는 코리아나 특허에 근무할 때인 1989년 그동안 미뤄두었던 석사논문을 제출, 서울대 법대 대학원에서 법학석사학위를 받았다. 논문 주제는 "특허청구범위의 해석". 특허실체법으로 석사논문을 쓴 첫 사례로, 그만큼 특허법에 관한 연구가 활발하지 않은 때였다.

이 변호사는 또 시애틀에 있는 워싱턴대 로스쿨에서도 특허침해론에 관한 연구로 법학석사 학위를 받았다. 이때가 1993년으로, 특허법의 세계적인 권위자인 Donald S. Chisum 교수가 지도교수였다.

이수완 변호사

이 변호사는 무엇보다도 특허법이 재미있다고 말했다. 그래서 32년째 특허를 붙들고 있다고 했다.

"다른 선택이 없어 사법시험을 준비해 합격했지만, 법대에 다니면서도 법학에 별로 흥미를 느끼지 못했어요. 그런데 특허법이 너무 재미있는 거예요."

그가 특허법이 재미있는 이유를 조목조목 설명했다.

"특허법은 기술이 아니라 철학"

"특허법은 특허의 권리자와 공공의 이익 사이에 항상 긴장관계가 있어요. 공공의 이익을 더 우선할 것이냐, 아니면 특허를 보유한 권리자를 더 우선할 것이냐, 이 두 가치가 항상 대립되어 충돌하는데, 거기에 철학적인 면이 있어요. 그런 점에서 특허법은 기술이 아니라 철학이라고 생각합니다. 기술은 대상일 뿐이죠."

이 변호사는 "특허법에는 발명을 어느 정도로 어떻게 보호할 것인가라는 법논리적, 법정책적, 법가치적인 면이 있다"며 "개인의 권리와 산업정책적인 가치가 충돌하기도 하고, 특허권자의 보호와 제3자의 보호, 공공의 보호가 충돌하기 때문에 늘 이 문제를 따지고 고민해야 하는데 그게 아주 재미있다"고 거듭 목소리를 높였다.

그래도 어느 정도 기술을 알아야 하지 않을까. 그는 "당연히 기술에 관한 보좌, 전문 변리사의 보좌를 받아야 하지만, 특허소송의 핵심은 기술보다는 법 논리"라고 자신 있게 말했다. 부산 해동고 문과, 서울대 법대를 졸업한 이 변호사도 이과나 공학, 자연과학 분야에서 공부한 이력은 없다.

"특허소송은 기술보다는 특허법 이론과 논리가 더 중요한 싸움이에요. 기술은 그냥 베이스로 까는 거고, 그걸 결정짓는 것은 특허법 이론이죠. 기술에 대해 잘 몰라도 보좌를 받으면 됩니다. 바이오, 제약, 전자, 소프트웨어 등 어떤 기술도 다룰 수 있어요. 왜냐하면 특허소송은 쟁점을 추출한 후 거기에 법 이론을 얼마나 잘 적용하느냐가 중요한, 완전히 법적인 논리 싸움이기 때문입니다."

그 대신 그는 기술을 잘 아는 전문 변리사의 도움이 절대적이라고 강조했다. 그가 변리사들이 중심이 된 특허사무소에서 변호사 생활을 시작하고, 변리사와의 코웍을 중시하며 특허사무소, 특허법인을 설립해 발전시켜나가고 있는 것도 따지고 보면 특허소송의 이런 특성 때문이라고 할 수 있다.

1994년 뉴욕주 변호사 자격까지 따고 돌아온 이 변호사는 그 후 코리아나 특허에서 독립해 변리사들과 함께 직접 특허사무소를 열어 운영했다. 코리아나 특허에 변호사로 합류한 지 8년 만에 직접 특허사무소를 설립해 대표가 된 것이다.

특허법원 초대 재판부 판사 임용

그러나 특허사무소를 세워 운영한 지 3년 만에 또 한 번 변화의 기회가 찾아왔다. 1998년 특허법원이 문을 열며 대법원에서 특허 분야의 전문가를 수소문, 이 변호사가 특허법원 초대 재판부의 판사로 임용된 것이다. 이 변호사는 특허사무소를 떠나 특허법원에 합류했다. 변호사로 일하는 것이 훨씬 소득이 높았지만 특허재판을 담당하면서 판례의 발전에도 기여하고, 판사 입장에서 특허법을 더 연구하는 것도 의미 있는 일이라고 생각해 내린 결정이었다.

"당시 특허법원에 3개의 재판부가 있었는데, 제가 6명의 배석판사 중 한 명으로 임용되었어요. 물론 변호사로 활동하다가 임용된 사람은 제가 유일했지요."

지금은 법조일원화가 이루어져 판사가 되려면 먼저 변호사 등으로 활동하며 경력을 쌓아야 하고, 변호사로 있다가 판사로 임용되는 사람이 적지 않지만, 당시만 해도 변호사로 활동하다가 판사가 되는 경우는 극히 드물었다. 특허법원 판사는 또 고법판사급으로, 변호사로 활동하다가 고법판사로 임용된 것도 이 변호사가 처음이었다.

이 변호사는 특허법원 판사로 3년 근무한 데 이어 2년간 대법원에서 지식재산권조 전담 재판연구관으로 근무하며 대법관들을 보좌했다. 특허 등 지식재산권에 관한 상고사건이 그가 기록을 검토하고 관련 법이론과 판례 등을 조사해 보고한 사건들로, 판사로 근무하며 특허사건만 내리 5년을 취급한 것은 민, 형사 등 다양하게 사건을 취급하는 일반 법관들에겐 상상할 수 없는 매우 드문 경험이었다.

2년간 대법관 보좌

2003년 그는 5년간의 법원 근무를 마치고 다시 재야 법조계로 돌아왔다. 특허 11년의 변호사 경력에 더해 특허전문 판사로 5년간 재직한 그가 특허사무소를 열겠다고 하자 특허법원과 대법원에서 기술심리관, 특허조사관 등으로 근무했던 상당한 경력의 변리사들이 함께 하겠다며 이 변호사를 따라 나왔다. 조진태, 이재웅, 윤종섭 변리사 등이 그들로, '체임버스앤파트너스(Chambers and Partners)' 등 유명 법률매체에서 한국의 지재 분야 리그테이블을 발표할 때 빠지지 않고 이름을 올리는 특허법인 AIP는 이렇게 해서 탄생했다.

특허법인 AIP는 이수완 변호사가 설립한 두 번째 특허사무소이자 코리아나 특허까지 포함하면 그가 근무한 세 번째 특허사무소가 된다. 무엇보다도 이 변호사가 기회 있을 때마다 로펌 등 법률사무소가 아니라 특허사무소에 둥지를 튼다는 점이 주목할 대목이다. 이 변호사는 "특허소송은 변리사와 함께 해야 한다는 것이 30년 넘게 특허소송을 다루고 있는 제 소신"이라며 "궁극적으로는 법논리로 승패가 갈리지만, 특허소송 수행에 있어서 변리사가 기여하는 비율이 70%"라고 역설했다.

특허소송 변리사 기여 70%

이 변호사가 5년간의 판사 근무를 뒤로 하고 법복을 벗게 된 데도 그의 남다른 특허 사랑을 확인할 수 있는 사연이 있다. 특허 사건을 계속하기 위해 남들이 가고 싶어 하는 일선 법원의 부장판사 자리를 포기하고 특허변호사가 된 것이다.

"당시 대법원에서 부장판사 재판연구관으로 있었는데, 2년이 지나 판사 순환근무제에 따라 지방법원의 일선 재판장 보직을 받아야 했어요. 지방법원에 가서 일반 민, 형사 재판을 해야 하는 거예요. 그래서 나는 특허전문가로 법원에 들어왔는데, 일반 민, 형사를 하라고 하면 더 이상 법원에 있을 이유가 없다, 그렇게 말씀드리고 사표를 내고 나왔죠."

특허소송 수행에 있어 변리사와의 협업을 중시하는 이수완 대표는 AIP의 운영과 관련, 특허 소송과 출원업무의 조화를 강조했다.

"특허출원과 특허소송은 동전의 양면처럼 서로 밀접한 연관이 있어요. 출원을 통해 기본을 쫙 깔아 놓아야 소송 등 분쟁 사건도 생기고, 출원과 소송이 같이 가야 종합특허 부티크로 성공할 수 있습니다. 소송만 있고 출원 한 쪽이 없으면 특허사무소로서 한 축이 없는 것과 마찬가지입니다."

2023년이면 설립 20년을 맞는 AIP는 출원을 강조하는 이 대표의 방침에 따라 출원업무가 지속적으로 늘어 전체의 70%에 이른다고 한다. 또 이중 40%가 외국 클라이언트가 한국에 특허를 등록하기 위한 국제업무로 AIP는 해외에도 이름이 많이 알려져 있다. 물론 출원과 소송의 업무비중이 그렇다는 얘기로, 이 대표 등 6명의 변호사가 주도적으로 처리하는 특허소송도 연 100건에 이를 만큼 꾸준히 사건이 의뢰되고 있다.

이 대표에게 특허분쟁의 최근 동향에 대해 물어보았다. 그는 "삼성과 애플 사건 이후 IP 분쟁건수가 그리 늘어나고 있지는 않는 것 같다"고 하면서도, "전통적인 기계, 잡화 등의 분야보다는 전자, 통신, BM(영업방법) 등 4차 산업 분야의 특허분쟁이 많이 늘어나고 있다"고 진단했다.

'똘똘한 특허' 위주 효율적 관리 중요

특허 전문가로서 기업체들에게 조언할 것은 없을까. 이 대표는 "특허를 출원할 때 권리범위를 작성하게 되는데 나중에 침해소송 등 특허분쟁이 발생할 경우까지 예상해 범위를 특정해야 쓸모 있는 특허가 될 수 있다"고 주의를 당부했다. 또 "건수 위주로 무분별하게 특허 등록을 남발할 경우 연차료 등 관리비용 부담만 늘어날 수 있다"며 "꼭 필요하고 의미 있는, 속된 말로 똘똘한 특허 위주로 등록해 효율적으로 관리하는 게 중요하다"고 강조했다. 갈수록 특허가 중요해지는 시기에 30년 넘게 특허 한 우물만 파고 있는 특허 전문 이수완 변호사의 조언이다.

'IT 전문'

법무법인 민후

법무법인 민후

www.minwho.kr

변호사가 많지 않은 중소 로펌에선 대표변호사의 전문성이 그 로펌의 경쟁력을 나타내는 경우가 많다. 서울공대 출신의 김경환 변호사가 지휘하는 법무법인 민후도 그런 강소 로펌 중 한 곳으로, 민후는 IT 전문 부티크로 이름을 날리고 있다.

2015년 11월, 아시아의 법률 전문매체인 ALB(Asian Legal Business)가 주관한 '2015 Korea Law Awards' 시상식장. 민후가 '올해의 IP 로펌', '올해의 로펌' 파이널 리스트에 이름을 올린 데 이어 '올해의 부티크 로펌'상을 받아 참석자들로부터 뜨거운 박수를 받았다. 비록 IP 분야 등 대형 로펌들과 순위를 다툰 경쟁에선 1등자리를 내주긴 했으나 부티크 중 최고의 평가를 받은 민후의 선전은 주목을 받기에 충분했다.

무엇보다도 IT 분야에 역량을 집중한 것이 짧은 시간에 높은 성장을 이룩한 성공적인 전략으로 얘기된다. 서울대 전자공학과를 졸업하고, 같은 대학에서 공학석사 학위를 받은 김경환 변호사

김경환 변호사

가 법률사무소 민후를 설립한 것은 2011년 가을. 이후 네이트와 싸이월드 개인정보유출소송, 오픈캡쳐 소송, 애드웨어 소송, 파밍(pharming) 전자금융사기소송 등 IT 분야의 선례가 된 여러 사건에서 의미 있는 성과를 거두며 발전을 거듭하고 있다.

"처음부터 제가 잘 아는 분야인 IT 분야에 집중했어요. 우리는 대학에서 엔지니어링의 기본원리를 배웠기 때문에 아무래도 기술 분야를 이해하는 데 수월하죠. 여기에 법률지식을 접목해 IT나 기술·콘텐츠 기업의 법적 니즈(needs)를 충족하고 리스크를 최소화하는 데 도움을 주자는 것인데 의외로 반응이 좋았어요. 결과도 괜찮았고요."

공학도 출신인 김경환 대표는 인터뷰에서 민후의 성공비결을 이렇게 설명했다. 그의 말대로 복잡하고 어렵다고 생각하기 쉬운 기술 분야의 이해를 바탕으로 법적인 쟁점을 잘 짚어내 접근한다면 기술 관련 소송을 수행하는 데 한결 수월할 것이다. 민후는 실제로 이런 전략으로 수많은 기술 관련 소송을 대리하고 있으며, 선례를 이끌어낸 판결도 적지 않아 IT 분야에서 뜨거운 주목을 받고 있다.

파밍, 오픈캡쳐, 애드웨어 분쟁 활약

대표적인 사건이 2015년 1월 선고된 파밍 피해 손해배상사건. 정상적인 은행 사이트에 접속했으나 악성코드에 감염된 가짜 사이트로 접속되어 몰래 예금을 이체당한 피해자들이 신한, 국민, 하나, 중소기업, 농협은행 등 5개 은행을 상대로 소송을 내 피해액의 10~20%를 배상받게 된 사안으로, 민후가 예금피해자 36명을 대리해 피해사 1인당 400만원에서 많게는 약 1억원의 손해배상을 받아냈다. 이 사건을 맡은 서울중앙지법 재판부는 '접근매체의 위조나 변조로 발생한 사고, 계약체결 또는 거래지시의 전자적 전송이나 처리과정에서 발생한 사고로 인하여 이용자에게 손해가 발생한 경우' 금융기관 또는 전자금융업자는 무과실책임을 져야 한다고 전제하고, 계좌번호와 비밀번호 등을 도용당한 이 사건은 '접근매체의 위조'로 발생한 사고에 해당하거나 적어도 관련 규정이 유추적용되어야 한다고 판시, 은행 측의 책임을 인정했다. 비록 인정된 책임비율이 높지는 않지만, 파밍 사기와 관련, 피해자들이 전부 패소했던 기존의 흐름에서 벗어나 은행에 배상책임을 인정한 의미 있는 판결이다.

2014년 11월 항소심 판결이 선고된 이른바 오픈캡쳐 소송도 민후의 변호사들이 활약해 전부 승소 판결을 받아낸 또 하나의 사건으로 소개된다. 2003년 개발되어 사용자가 수백만 명에 달할 정도로 인기가 있었던 스크린 캡쳐 무료프로그램이었으나 다른 회사에 인수되어 유료로 전환되고 터무니없이 높은 가격이 책정되면서 시비가 일어 170여 기업이 오픈캡쳐의 저작권사인 ISDK를 상대로 제기한 소송으로, 민후가 나서 "저작권 침해가 아니다"는 승소 판결을 받아냈다. 상당수의 기업은 ISDK와의 합의로 문제를 해결했으나, 민후는 일종의 기획소송을 추진, 새로운 선례를 만들어낸 것이다. 김경환 대표는 "이 사건은 특히 한·미, 한·EU FTA

에 따라 저작권법에 도입된 일시적 복제가 쟁점이 된 사안으로, 일시적 복제도 저작권 침해로 보지만 '컴퓨터에서 저작물을 이용하는 경우에는 원활하고 효율적인 정보처리를 위하여 필요하다고 인정되는 범위 안에서 그 저작물을 그 컴퓨터에 일시적으로 복제할 수 있다'는 예외조항을 적용해 저작권 침해가 아니라는 판단을 받아냈다"고 설명했다.

기본 법리 극복하며 선례 도출

물론 기술 분야에서 전례가 없는 사건을 맡아 수행하는 게 쉬운 일은 아니다. 상대방과 싸워 이겨야 할 뿐만 아니라 비슷한 내용을 다룬 기존의 판결, 법리도 극복해야 한다.

김경환 변호사는 "IT 분야가 새로운 분야이긴 하나, 저희가 볼 때는 많은 변호사들이 취급하는 다른 분야와 크게 다를 게 없다"고 지적하고, "중요한 것은 기술을 얼마나 잘 이해하고, 이를 법의 시각으로 풀어내 억울하게 피해를 보는 사람이 없도록 하는 것"이라고 민후가 지향하는 방향을 제시했다.

애드웨어를 띄워 굉장히 잘 나가는 사이트의 고객을 끌어올 경우 위법이라는 속칭 '애드웨어 판결'도 민후가 수행한 사건 중 하나이며, 프로그램 개발자를 변호하며 정통망법 즉, 정보통신망 이용촉진 및 정보보호 등에 관한 법률 48조 2항의 악성 프로그램인지 여부를 다툰 자동 댓글달기 프로그램 형사사건이나 다른 사이트의 콘텐츠를 다 끌어올 수 있는 크롤링, 상대방 URL에 링크를 달아 내 홈피에 걸어 놓으면 상대 홈피에 게시된 이미지, 동영상 등을 마치 내 홈피에서 개발한 것처럼 다운받아 제공하는 소프트웨어 링크의 위법 여부를 다투는 사건 등도 민후가 수행했거나 수행하는 사건들로 분류된다.

민후는 야놀자를 대리한 여기어때 데이터베이스 크롤링 사건에서 2021년 8월 서울중앙지법에서 10억원의 손해배상 승소 판결을 받아낸 데 이어 현재 항소심을 진행 중에 있다.

민후가 수행하는 사건 중엔 또 당사자가 수십 명, 많게는 수천 명에 이르는 집단소송이 많다. IT 분야의 속성상 다수 당사자가 관련되는 사건이 많기 때문인데 SK커뮤니케이션즈를 상대로 낸 네이트·싸이월드 개인정보유출로 인한 손배소는 당사자가 2,800명이 넘는다. 민후가 원고 측 대리인으로 참여한 네이트·싸이월드 개인정보유출소송은 1심에선 네이트와 싸이월드를 운영하는 SK커뮤니케이션즈에 배상책임이 인정되기도 했으나 항소심에서 책임이 없다는 판결이 선고된 데 이어 대법원에서 방송통신위원회 고시에 따른 기술적·관리적 보호조치를 다하였다면 정보통신서비스 제공자에게 책임을 물을 수 없다는 이유로 원고 패소 판결이 확정됐다.

'코인레일 해킹' 집단소송 승소

2021년 11월 1심 서울중앙지법에서 승소 판결을 받은 암호화폐 거래소인 코인레일 해킹 사건도 집단소송으로 진행되었다. 민후는 두 개의 소송에서 피해자들을 대리해 거래소가 이용자들의 가상자산 반환 청구에 응해야 할 책임을 다하지 않았음을 입증, 수억원의 손해배상 지급 판결을 이끌어낸 가운데 현재 항소심을 진행 중에 있다.

무죄 입증에 포렌식 적극 활용

기술 분야에서 앞서 나가는 민후가 최근 들어 중시하는 것 중 하나는 디지털 포렌식의 적극적인 활용이다. 검찰과 경찰 등 수사기관에서도 유죄의 증거를 확보하기 위해 포렌식을 많이 이용하지만, 민후는 피의자, 피고인의 무죄를 입증하는 데 디지털 포렌식을 적극 동원하고 있다. 민후의 한 변호사는 "포렌식 증거를 통해 무죄 입증이 보다 수월해졌다"고 강조했다.

민후가 알리바이 입증을 통해 음란물 사이트에 접속하지 않았다는 무죄판결을 받아낸 사건이 포렌식 증거를 활용해 성공적인 결과를 이끌어 낸 대표적인 사건으로 꼽힌다. 공소사실에는 피고인의 아이디로 특정 시간에 특정 음란물 사이트에 접속했다고 되어 있으나 김경환 대표 등 민후의 변호사들이 피고인이 그 시간에 사용했다는 노트북을 포렌식해서 웹브라우저라든가 접속 프로그램을 전혀 가동하지 않았다는 알리바이를 입증, 검찰의 공격을 막아냈다. 김 대표는 "디지털 세계에선 기록이 다 남기 때문에 오히려 알리바이 입증이 오프라인에서의 그것보다 더 쉽다"고 말했다.

그에 따르면, 정통망법 위반 형사사건이나 기술유출 수사 등엔 포렌식이 빠질 수 없고, 일반 형사사건에서도 증거수집에 포렌식 기법이 많이 활용된다고 한다. 또 이혼사건도 포렌식 증거가 많이 등장하는 분야로 포렌식이 필요한 분야가 점점 늘어나고 있다. 유명 연예인 사건에서처럼 상대방의 동의 없이 위치정보를 추적하고, 노트북의 이메일 내용을 들여다보기 위해 해킹 프로그램을 심었다가 처벌받기도 하지만 부정행위 단서를 잡으려는 다양한 포렌식 활동이 동원되고 있는 것. 물론 관련 데이터를 지워 놓았을 경우엔 복원해서 찾아내야 한다.

이와 함께 전자증거의 위·변조 논란도 자주 제기되는 이슈 중 하나로, 김 변호사는 CCTV 화면 중 자기에게 불리한 일부분을 오려내고 다시 편집해 증거로 제출하기도 하고, 문서가 생성된 날짜를 고치는 경우도 허다하다고 소개했다.

김 변호사는 "전자증거가 워낙 많다 보니 취득과정을 먼저 따져봐야 하고, 이 과정에서 전자기록의 위·변조 등 진위 다툼도 많이 발생하고 있다"며 "그러나 전자증거와 함께 이를 확보하려는 포렌식 활동은 갈수록 늘어날 것"이라고 예상했다.

민후의 홈페이지에 접속해보면, 수많은 업무사례가 간략한 설명과 함께 이어지고 있다. 사정상 공개할 수 없는 사건을 감안할 때 강소 로펌 민후가 얼마나 많은 고객을 대상으로, 얼마나 많고 중요한 사건을 수행하는지 한눈에 알 수 있다.

최근에 승소한 사건 중엔 유튜브에서 조회수 91억회를 기록하는 등 세계적인 인기를 끌고 있는 동요 '상어가족(아기상어)'의 제작사를 대리해 저작권 침해를 주장하는 미 동요 작곡가의 손해배상청구를 막아낸 것이 있다. 원고의 창작물이 저작권법상 보호대상인 저작물로 인정될 수 없다는 점은 물론 피고의 저작물이 원고 작품과 실질적으로 유사하지 않다는 점을 주장, 재판부로부터 그대로 인정받은 결과다.

'상어가족' 저작권 분쟁 방어

또 자동 댓글 작성 프로그램 등 다수의 매크로 프로그램(컴퓨터에서 자동적으로 반복 작업을 수행하는 프로그램)을 제작·유포한 혐의로 기소된 개발자와 매크로 프로그램 판매 중개 사이트 운영자를 1심부터 변호해 1심에선 혐의가 인정되었으나, 항소심부터 "필요 이상의 부하발생이 운용 방해에 포함된다고 보아 이 사건 프로그램들을 악성프로그램에 해당한다고 보게 된다면 이는 형벌 규정의 구성요건을 지나치게 확대해석하는 것으로서 죄형법정주의의 원칙에 반한다"는 이유로 무죄판결을 받아 대법원에서 그대로 확정되게 하는 등 아직 법적 기준이 명확하게 정립되지 않은 신기술 분야에서 법적 개념을 정비하는 성과를 도출해내고 있다.

자신의 계정으로 잘못 이체된 다른 사람의 비트코인을 사용했다가 특경가법상 배임 혐의로 기소된 사건도 민후가 실력을 발휘한 의미 있는 사건으로, 민후는 2021년 12월 대법원에서 무죄 취지의 파기환송 판결을 받아낸 데 2022년 6월 파기환송심에서 무죄판결을 받아 확정시켰다. 이와 같은 경우 피고인이 피해자에 대한 관계에서 '타인의 사무를 처리하는 자'에 해당하지 않는다는 것이 법원의 확립된 입장이다.

'명량' 저작권 소송 방어

김 변호사 팀은 IP 소송에서도 여러 승소 실적을 축적하고 있다. KBS의 '임진왜란 1592'가 영화 '명량'을 상대로 낸 저작권 침해금지와 10억원의 손해배상을 구한 소송이 대표적인 사안으로, 민후는 '명량' 제작사를 대리해 2022년 6월 원고의 청구를 기각하는 판결을 받아냈다.

민후엔 2022년 현재 모두 14명의 변호사가 포진하고 있다.

'해상·건설 전문'

법무법인 세창

법무법인 세창
SECHANG & CO.

www.sechanglaw.com

법무법인 세창은 해운이나 무역 관련 일을 하는 회사들 사이에 이름이 잘 알려져 있다. 한 분야를 더 든다면 건설회사들 사이에서도 세창 얘기가 많이 나온다.

대한변협 회장을 역임한 김현 변호사가 설립한 세창은 미 워싱턴대 해상법 박사인 김 변호사의 전공을 살려 해상 분야의 전문 법률사무소로 출발했다. 이때가 1992년 4월로, 세창은 30년이 넘는 역사를 자랑한다.

해양수산부는 물론 해양경찰청, 한국해운조합, 해양환경관리공단 등 해운 분야의 단체나 해운회사, 물류회사 등의 고문을 많이 맡아 왔으며, 특히 세월호 참사의 수습과 관련, 정부의 인명피해 선(先)보상 업무의 자문로펌으로 선정되면서 또 한 번 유명세를 탔다. 세창의 변호사들은 세월호 사고로 숨진 승객과 부상자에 대한 적정한 보상액 산정과 누가 보상금을 받아야 하는가의 상속문제 등 손해사정인의 선정부터 보상금 지급까지 보상업무 전반에 걸쳐 자문을 제공했다. 이광후 변호사는 "중국인 희생자의 경우 상속 등 여러 법률문제를 검토해 보상금 수령자를 확정했다"고 소개하고, "선체 인양과 관련해서도 자문했다"고 말했다.

의암호 사망사고 춘천시 대리

2020년 8월 춘천시 의암호에서 집중호우로 떠내려가는 인공 수초섬을 묶다가 선박이 전복되어 5명이 숨지고 1명이 실종되는 사고가 났다. 이 사고와 관련해 춘천시 법률대리인을 맡은 로펌도 세창으로, 해상사고와 유사한 하천사고의 사후 법적 처리에 해상법 전문 세창이 선택을 받은 것이다.

이외에도 2016년 9월 법정관리가 개시된 한진해운 사태 때 여러 명의 변호사가 투입되어 컨테이너 소유자, 한진해운에 배를 빌려준 선주 등 국내외 채권자를 상대로 다양한 자문을 제공하는 등 세창의 변호사들이 바다와 물에 관련된 다양한 사건에서 활약하고 있다. 세창은 한진해운 파산재단과 재단채권(우선변제권)에 관한 합의를 이끌어내 클라이언트로 하여금 거액의 1차 변제를 받게 하는 쾌거를 이끌어내기도 했다.

해상 로펌의 단골 사건이라고 할 수 있는 화물 손해배상사건의 경우 '에스케이해운 대 브레데로 프라이스 사건', '에스케이해운 대 해동화재 사건', '삼성화재 대 트랜스오션 사건' 등이 세창의 대표적인 승소 사례로 소개되며, 세창이 수행한 선박 충돌 사건으론 'KAMINESAN호 대 현대105호 충돌 사건', '현대701호 대 광양

김현 변호사

12호 충돌 사건', '화평동남호 사건', '부일호 사건', 1, 2, 3심 법원과 지방·중앙해양안전심판원에서 모두 승소한 '현대해상 대 대범상운(야요이호) 사건' 등의 이름이 나온다.

또 2020년 봄 코로나19로 전 세계적으로 lockdown이 확산되고 이로 인한 인력 투입 불가로 인해 싱가포르 등지에서의 선박 수리작업이 지연된 것과 관련, 세창의 변호사들이 발주자 측이 입은 손해에 관련된 분쟁에 다양한 어드바이스를 제공했으며, 세창은 선박 경매와 선박 가압류, 용선계약, 해사중재, 선하증권 분쟁과 신용장 대금 소송 등 무역 및 보험 관련 사건도 많이 취급한다.

무역·보험 사건도 많이 취급

시중 보험사가 영국의 재보험사를 상대로 제기한 재보험금 청구 소송에서 재보험사를 대리하여 원고의 청구를 전부 기각하는 판결을 받아낸 사건이 보험 분야의 전문성이 돋보인 대표적인 사례로 소개된다. 대부분의 재보험계약의 준거법은 영국법 또는 미국법이나, 이 재보험계약의 준거법은 한국법으로, 한국법에 준거한 재보험계약 분쟁에 가이드 라인으로 작용할 수 있는 의미 있는 판결이다.

세창은 또 대형 크레인을 해상운송하다가 고박 불비로 파손되자 화주가 적하보험자를 상대로 보험금 15억원을 청구한 사건에서 적하보험자인 보험사를 대리해 소송 중 조정으로 종결했으며,

경기도 남양주에 있는 대형창고 화재로 수백억원의 피해가 발생한 사건과 관련, 소유자인 외국계 부동산투자회사와 창고 관리회사 중 누가 책임을 져야 하는가가 문제된 소송에서 관리회사 측을 대리하여, '관리회사에 책임이 있다'는 유사사건에서의 판결과 달리 '관리회사는 책임이 없고 소유자 측에 책임이 있다'는 판결을 받아 관리회사의 보험사인 국내 보험사를 면책시키는 성과를 얻어낸 것도 세창 보험팀의 주요 업무사례로 소개된다.

세창의 변호사들은 미국으로 수출하는 120억원 상당의 은괴가 캐나다로 해상 및 철도로 운송된 후 절취된, '캐나다 은괴 절취사건'에서 하우스선하증권을 발행한 국제물류주선업자를 대리하여 캐나다 법원과 한국 법원에서 소송을 진행하고 있다. 말하자면 업력 30년이 지난 세창이 해상사건에 이어 보험, 물류 등으로 업무영역을 확대하며 다양한 사건을 맡아 성과를 올리고 있는 것이다.

세창은 최근 아랍에미리트에서 턴키방식의 건설 프로젝트를 수주한 건설사로부터 의뢰를 받아 이에 소요되는 자재와 설비 등의 운송을 맡았던 물류회사를 대리해 대한상사중재원에 추가 지출된 해상운임의 지급을 요구하는 중재를 제기했다. 청구액이 360억원이 넘는 의미가 적지 않은 사건으로, 사건을 주도하고 있는 세창의 이광후 변호사는 "2021년경 COVID-19 등의 영향으로 물류대란이 발생하여 해상운임이 예상하지 못한 수준으로 급격하게 상승, 당초 계약한 해상운임을 훨씬 초과하는 운송비를 지출하게 되었다"며 "이러한 급격한 운임 상승은 불가항력 또는 사정변경 사유에 해당한다는 것이 신청인 측 주장"이라고 소개했다.

FIATA 부산 세계총회 자문

세창은 또 전 세계에 창고를 신축하여 세계 물류를 선도하고 있는 기업 중 한 곳인 ㈜하나로티앤에스의 법률고문으로서 국제운송계약서의 검토, 국제 투자자문 및 소송 진행 등 전반적인 업무를 수행하고 있으며, 국제물류협회가 개최하는 2022 국제물류협회(FIATA) 부산 세계총회와 관련해서도 자문하고 있다.

대개 특정 분야에 특화한 부티크는 그 분야 하나로 승부를 거는 게 보통이나, 세창은 해상 분야에서의 자신감을 바탕으로 건설 쪽으로 전문영역을 넓혀 건설 분야에서도 성공했다. 김현 변호사는 세창 설립 6년 만인 1998년 건설 분야를 세창의 두 번째 주력 분야로 내걸고 해상과 함께 건설 분야를 집중 육성했다. 항만 건설 등 해상 분야의 영역이 건설 분야와 겹치는 부분이 없지 않아 자연스럽게 업무분야가 확장된 측면도 없지 않다. 안영환 변호사가 건설 분야의 주요 파트너로 소개되며, 건설 사건에 대한 전문성을 축적한 세창은 2004년부터 건설 관련 판례를 소개하는 《건설판례 이해하기》 단행본을 발간하고 있다.

세창은 해상 분야와 관련이 없지 않은 부산신항만, 목포신항만, 광양신항만, 인천북항, 포항항 민자유치 건설사업에서 해양수산부와 국토연구원 사회간접자본센터를 대리해 협상 대표로 활동하고, 광양항 신항만 개발시행자 선정 주체인 한국컨테이너공단에 자문하는 한편 시행자 선정 평가단원으로 활동했다. 또 한라건설을 대리한 목포신외항 다목적부두사업, 동양고속건설의 군산 비응항, 대림산업의 포항영일만신항 건설사업에도 자문했다.

SOC 사업 자문 유명

이와 함께 민간자본으로 추진되는 사회기반시설에 대한 민간투자사업(SOC)이 세창의 변호사들이 활약하는 주요 분야 중 하나로, 세창은 포스코건설, SK건설, 현대건설 등의 SOC 사업에 자문하고, 용인경전철, 인천국제공항 유휴지 개발, 광주 제2순환도로 사업, 부산산성터널, 회천-벌교 종말처리장 사업 등에 자문했다.

최근 자문사례 중에선 수도권제1순환고속도로 북부구간, 천안논산고속도로, 서울춘천고속도로, 대구부산고속도로의 사업재구조화와 관련하여 주무관청을 위한 용역을 수행, 위 도로들의 통행료가 인하되게 하는 등 공익에 보탬이 되게 한 여러 사례가 먼저 소개된다. 세창은 인천대교와 인천공항고속도로 통행료 인하를 위한 사업구조 개선 법률용역도 수행했으며, 안영환 변호사 등이 나서 2018년 12월 국토교통부를 대리해 GTX A노선의 실시협약을 체결한 데 이어 수원에서 양주로 이어지는 C노선의 실시협약 협상을 진행하고 있다.

동부간선도로 지하화 사업도 안 변호사 팀이 우선협상대상자와 협상 중인 커다란 프로젝트로, 이 사업에선 서울시를 대리하고 있다.

세창 건설팀은 포항 영일만항 외곽시설 축조공사 담합과 관련, 국가가 건설사들을 상대로 140억원의 손해배상을 청구한 소송에서 국가를 대리해 대법원 파기환송 판결을 거쳐 2021년 3월 파기환송심에서 청구액의 절반인 70억원의 배상판결을 받아냈다.

어유정항 어항공사 손배소 방어

또 강화군 석모도의 어유정항 어민들이 어항공사로 인하여 피해를 입었다며 국가를 상대로 손해배상을 청구한 소송의 2심부터 국가를 대리해 1심에선 원고에게 청구액의 50%를 지급하라는 원고 일부 승소 판결이 내려졌으나, 어업생산감소율이 수인할 수준 이내임을 주장, 입증하여 2021년 6월 항소심 재판에서 원고들의 청구를 모두 기각하는 판결을 받아냈다. 항소심 판결의 주된 이유는 감정결과와 달리 어항정비사업은 일반적인 사업과 달리 어민들을 위한 사업으로서 어민들에게 수인가능성이 높다고 볼 수 있다는 것으로, 판결은 대법원에서 이대로 확정되었다.

국고 손실을 막아낸 이 판결이 알려진 후 세창에선 경남 고성군 소재 남포항의 개발과 관련해 남포항 인근 어민들이 어업권 침해를 주장하며 국가를 상대로 제기한 손배소도 국가를 대리해 방어하고 있다.

세창 하면 해상과 건설을 두 축으로 한 포트폴리오와 전문성

추구가 우선 떠오르지만, 세창이 일종의 사명(使命)으로 내걸고 있는 법률서비스의 적극성과 신속성도 주목을 받고 있다. 세창은 창립 10주년을 맞은 2002년 4월 '적극적이며 신속 친절 정확한 서비스로 의뢰인을 행복하게 하는 미래의 동반자'라는 사명을 직원들의 공모를 통해 채택, 실천하고 있다.

김현 변호사는 "회사 방침 중 하나가 고객이 요청한 의견서를 24시간 내에 발송하는 것"이라며 "비록 변호사들은 힘들어 하지만 의뢰인들은 대단히 좋아한다"고 강조했다. 기업체 등에서 대형 로펌의 서비스에 대해 느끼는 불만 중 하나가 변호사와 신속하게 접촉하는 게 쉽지 않다는 것이라는 한 조사 내용과 연관지어 보면 세창의 신속한 서비스는 호응이 적지 않아 보인다.

세창의 또 다른 변호사는 "시간에 늦은 100% 완벽한 의견서보다는 90% 정도의 완성도일지라도 자문을 요청한 회사가 필요로 하는 시간에 의견서를 제공, 의사결정을 실질적으로 돕는 게 보다 중요하다"며 "고객회사와 호흡을 같이하자는 취지"라고 덧붙였다.

김앤장 출신 주도
'IP 전문 부티크'

법무법인 그루제일

www.gurulaw.co.kr

2019년 1월 문을 연 법무법인 그루제일엔 여러 수식어가 따라다닌다. 출범 당시의 이름은 법률사무소 그루. 2022년 봄 제일국제법률사무소 변호사들이 합류하며 법인으로 조직을 일신해 법무법인 그루제일이 되었다.

 첫째, 그루제일은 'IP 전문 부티크'다. 둘째, 그루제일은 김앤장 출신의 IP 변호사와 변리사들이 주축이 되어 IP 자문, IP 분쟁 해결의 시너지를 추구하는 '김앤장 출신 IP 전문가들'의 부티크라고 할 수 있다. 여기에 하나 더 추가한다면 '준비된 로펌'이라는 표현을 빼놓을 수 없을 것이다.

 그루를 설립한 두 주인공은 정여순 변호사와 안철균 변리사로, 두 사람 다 김앤장에서 약 20년간 지식재산권 한 우물을 판 IP 전문가들이다. 김앤장에서 활동한 시기도 비슷하다. 두 사람은 그러나 2018년 김앤장을 나와 자유의 몸이 되었다. 정 변호사, 안 변리사 모두 강산이 두 번 변한다는 시간인 20년의 김앤장 생활을 뒤로 하고 좀 쉬려고 했다는 것이 김앤장 퇴사의 변이다. 정 변호사가 그해 4월, 안 변리사가 9월 김앤장을 나와 퇴사는 정 변호사가 조금 빨랐다.

 그러나 IP 업무에 높은 전문성과 풍부한 경험이 축적된 전문가들이 마냥 쉴 수만은 없는 일. 두 사람은 각자 김앤장에서 오랫동안 근무하며 터득한 IP 자문의 노하우를 되살릴 방법을 모색했다.

 "김앤장에서 주로 대기업 클라이언트를 많이 상대했는데, 좀 다양하게 일을 해보자, 특히 중소기업, 스타트업들도 IP 자문 수요가 많은데 이들에게 대형 로펌 못지않은, 높은 전문성의 서비스를 해보자 그런 생각을 많이 했어요."

정 변호사는 이어 안 변리사도 같은 생각을 갖고 있는 것을 알게 되어 두 사람이 의기투합하게 되었다고 2019년 초 그루를 출범시키게 된 사연을 소개했다.

물론 그루를 만들자고 미리 얘기가 되어 같이 김앤장을 나온 것은 아니라고 한다. 정 변호사는 "1~2년 쉬고 새로운 일을 준비하려고 했는데, 그루에서 다시 만나 함께 IP 부티크를 구현하게 되었다"며 "그 결과 휴지기간이 짧아지게 되었다"고 말했다.

IP 변호사와 변리사의 결합

중소기업과 스타트업을 상대로 한 '원스톱 IP 자문'이란 공동의 포부를 확인한 두 사람은 곧바로 그루의 설립에 나섰다. 특히 처음부터 20년 경력의 IP 전문 변호사와 변리사가 손을 맞잡고 법

정여순 변호사
안철균 변리사

률업무와 변리업무를 결합한 종합서비스를 추구한 것이 그루의 강점으로, 정 변호사는 "그루는 출원부터 소송까지 All-in-One IP 서비스를 추구한다"고 강조했다.

정여순 변호사와 안철균 변리사가 깃발을 들자 1년 전 김앤장을 떠나 다른 대형 로펌 IP팀으로 옮겼던 박창수 변호사가 함께 하겠다는 뜻을 전해 왔다. 정 변호사와 안 변리사는 또 변리사시험에 합격하고, 특허청 심사관에 이어 특허심판원에서 소송수행관으로 활약하고 있던 이형일 공학박사의 영입에 공을 들여 박 변호사와 이 박사가 합류했다. 금방 그루의 맨파워가 변호사 2명, 변리사 2명의 규모로 커진 것. 여기에다 김앤장에서도 근무한 화공과 출신의 특허 엔지니어(Patent Engineer)까지 합류해 김앤장 출신 4명에 공학박사가 가세한 5명의 전문가그룹으로 출범한 그루는 '곧바로 성공'이라는 표현이 어울릴 정도로 의뢰인들의 선택을 받으며 빠르게 입지를 넓혀갔다.

박창수 변호사
정영선 변호사

IP 컨설팅과 지식재산권을 권리화하는 출원, IP 심판, 침해소송 수행 등 각 분야에서 활발하게 사건 의뢰가 이어지며 성장에 날개를 단 그루는 설립 1년을 넘기며 구성원의 확충과 업무 다변화로 또 한 번 도약에 시동을 걸었다.

2020년 들어 김앤장 IP 부문에서 15년간 근무한 김종욱, 박경미 변리사가 합류하고 사건이 늘어나며 변호사들도 속속 충원되었다. 김종욱 변리사는 서울대 화학과, 박경미 변리사는 서울대 전기공학과 출신이다.

서울대 화학과를 나와 김앤장에서만 약 30년간 경력을 쌓은, 미 뉴욕주 변호사 자격도 갖춘 심미성 변리사와 특허청 심사관과 특허심판원 심판연구관 등을 역임하고 2012년 김앤장에 합류했던 정석현 변리사가 2021년에 김앤장을 떠나 그루에 합류하고, 2022년 들어서도 특허심판원 심판장과 특허법원 기술심리관 등으로 활약한 손병철 변리사와 카이스트 생명화학공학과 출신의 신수빈 변리사가 합류하는 등 'IP 전문' 그루제일의 문을 두드리는 베테랑 변리사들의 행렬이 계속해서 이어지고 있다.

전체 변리사가 8명으로 늘어난 그루는 2022년 4월 이들 변리사들이 주축이 된 특허법인 그루를 출범시켰다.

법무법인 그루제일로 조직을 정비한 법무 쪽도 전체 변호사가 8명으로 늘어나며 진용이 강화되고 있다. 특히 1998년 제35회 변리사시험에 합격해 변리사로 활동하다가 2006년 사법시험에도 합격한 서울대 미생물학과 출신의 정영선 변호사 등이 2022년 봄 합류한 것이 그루제일의 새로운 이정표가 된 큰 뉴스로, 정 변호사는 그루제일에 합류하기 전 제일특허법률사무소 변리사로 다양한 사건을 처리한 데 이어 2013년부터 10년간 제일국제법률사무소 대표변호사로 활약, 종전 그루 멤버들과의 높은 시너지가 기대되고 있다.

중견, 대기업으로 고객군 확대

정여순 대표는 "제일국제 출신 변호사들의 합류로 그루제일이 종전의 그루에서 또 한 번 외연을 넓히고 발전하는 계기를 맞았다"고 의미를 부여하고, "고객군도 스타트업, 바이오벤처 등에서 자동차 제조사, 반도체 장비 제조사, 건설회사, 유명 식품회사, 케이블 제조 전문회사 등 국내 중견 및 대기업으로 확대되고 있다"고 고무적으로 이야기했다.

그루제일의 업무파일을 들춰보면, 국내 하수처리시설의 선두주자인 K건설사를 대리해 경쟁업체 S사가 제기한 공법 선정 취소를 구하는 행정소송에서 승소 판결을 받아내고, 다국적 기업이 국내 중소기업과 회사 대표를 상대로 제기한 상표침해소송과 형사사건도 성공적으로 수행하는 등 여러 승소 사례가 소개된다. 그루제일의 변호사들은 또 김 양식망 디자인권자가 제기한 침해금지 가처분과 본안소송, 관련 형사사건에서 피고 측을 대리하여 모두 성공적으로 방어한 데 이어 국내 생활용품 전문 중소기업을 대리하여 대규모 유통업체를 상대로 제기한 물품공급 중단에 따른 손해배상청구소송, 특허권자인 국내 케이블 제조 전문회사를 대리한 특허침해소송의 항소심, 국내 스크린골프업체를 대리하여 수행하고 있는 특허침해 사건, 국내 탈형데크 제조업체 간의 특허침해 사건 등 다양한 사건에서 역량을 발휘하고 있다.

그루제일은 국제적인 사건, 외국 로펌과의 협업에도 활발하게 나서고 있다. 생활용품 제조판매업을 영위하는 국내 중견기업의 베트남 현지 법률문제를 베트남 현지 법률사무소와 협의하여 자문을 제공하고, 미국 공정거래법 위반으로 유럽에서 억류되어 미국으로 인도된 국내 기업인 사건에선 독일과 미국 법률사무소와 협업하여 해당 기업인을 성공적으로 풀어냈다.

유럽 억류 기업인 미국에서 풀어내

그루제일의 성공은 오랫동안 부티크나 중소 전문 로펌의 설립이 주춤했던 IP 분야에서의 시도라는 점에서도 주목을 끌고 있다. 그만큼 전문성이 요구되고, 변호사와 변리사의 협업이 담보되어야 시너지가 기대되는 등 단기필마(單騎匹馬)로 섣불리 시작하기 어려운 분야인데, 김앤장 출신의 정여순 변호사와 안철균 변리사가 주춧돌을 놓은 후 전문가들의 합류가 이어지며 탄탄한 발전이 이어지고 있다.

그루는 나무를 세는 단위이자 그루터기를 가리키는 순우리말로, 한 그루 한 그루의 나무들이 모여 울창한 숲을 이루듯 법률사무소의 번창하는 미래를 기원하는 의미와 지친 사람들이 그루터기에 걸터앉아 휴식을 취할 수 있듯이 복잡한 IP 문제에 부닥친 고객들에게 양질의 법률서비스를 제공하는 곳이 되자는 바람이 담겨 있다고 한다. 물론 영문명 'GURU'엔 '한 분야의 깊이 있는 전문가'라는 의미가 들어 있다. 정여순 대표변호사는 IP 분야의 전문가들이 모여 고객이 믿고 기댈 수 있는 로펌이 되자는 뜻에서 처음에 이렇게 이름을 지었다고 설명했다.

트레이드 드레스 분쟁 승소, 선택발명 진보성 인정받아

'IP 부티크' 그루제일의 잠재적인 경쟁력을 가늠해볼 수 있는 좋은 방법 중 하나는 그루제일 구성원들의 면면과 IP 전문가로서의 그동안의 업무실적을 알아보는 것이다.

김앤장에서 20년간 다양한 IP 이슈에 대한 소송 경험을 축적한 정여순 변호사는 무엇보다도 삼성-애플 특허소송에서의 활약을 빼놓을 수 없다. 김앤장이 애플을 대리하며 애플 측 대리인단의 일원으로 활동했다. 또 대표적인 트레이드 드레스(trade dress) 분쟁 사례인, 국내 제과회사 사이의 자일리톨 껌 포장·용기에 관한 부정경쟁행위 금지 가처분 사건에서 L사를 대리하여 가처분 결정을 이끌어냈으며, 국내 중소기업이 일본 회사로부터 제기당한 특허침해소송에선, 항소심부터 관여해 1심에서 진 것을 2심부터 뒤집어 승소로 마무리했다. 승소로 사건이 종결되기까지 걸린 시간이 약 3년. 정 변호사는 "해당 중소기업이 사건 초기부터 제대로 된 IP 전문가의 도움을 받았더라면 문제를 보다 쉽게 해결할 수 있었을 것"이라며 "이런 사건들을 접하면서 중소기업들에게 높은 전문성의 IP 서비스가 매우 필요하다는 것을 실감할 수 있었다"고 말했다.

1998년부터 김앤장에서 활동

정 변호사는 한양대 법대를 나와 제34회 사법시험에 합격했으며, 1998년 김앤장에 합류하기 전 수원지법, 서울지법 판사를 역임했다.

안철균 변리사도 1998년부터 김앤장에서 변리사로 활동했다. 서울대 화학과 출신으로, 화학 및 의약 분야의 다양한 출원과 소송에 관여했다. 특히 최근 문제가 되고 있는 반도체, 2차 배터리, 태양광 모듈 소재와 관련한 다수의 소송과 더불어 여러 다국적 제약사를 대리하여 블록버스터 의약품에 관한 많은 특허분쟁에서 주도적인 역할을 담당하였으며, 다국적 제약사와 국내 제약사 사이에 선택발명의 진보성 여부가 다투어진 사안에서, 대법원에서 선택발명의 진보성을 인정하는 첫 판결을 받아냈다. 안 변리사는 김앤장에 있을 때 2003년 1월부터 1년 6개월간 막스플랑크 지식재산권연구소에서 Visiting Scholar로 연구한 경력도 있다.

박창수 변호사는 특허법원 판사 3년을 끝으로 12년 넘게 판사로 재직한 후 2012년 김앤장에 합류해 오랫동안 지식재산권에 관한 다양한 사건을 해결한 많지 않은 특허소송 전문가 중 한 명이다.

삼성-애플 특허소송에서도 애플 측 대리인단의 일원으로 활약했으며, 다국적 제약사와 국내 제약사 사이의 특허분쟁 및 관련 행정사건, 국내 화장품 업계의 미투 상품에 관련된 여러 분쟁이 그를 소개할 때 먼저 얘기되는 주요 사건들이다.

진천군 하수처리공법 분쟁 승소

그루에 합류한 이후 수행한 사건으론 금호산업을 대리해 2020년 연이어 성과를 올린 제주도와 충북 진천군에서의 하수처리공법 선정에 관련된 일련의 행정소송이 승소 사례의 맨 앞자리에 올라 있다. 박 변호사는 제주도 서귀포시의 공공하수처리시설 증설사업을 위한 하수처리공법 선정에서 탈락한 업체가 제주지법에 낸 공법 선정 집행정지 신청을 막아내고, 2020년 7월 공법 선정의 무효확인을 구하는 본안소송도 해당 업체가 취하하는 것으로 종결지었으며, 감사원의 감사 결과 통보에 따라 진천군이 금호산업의 KIDEA 공법에 대한 공법 선정을 취소한 데 대해서는, 취소처분에 대한 집행정지 결정을 받아내 공법 선정의 효력을 그대로 유지시킨 데 이어 2020년 8월 청주지법에서 진천군의 취소처분이 잘못되어 취소한다는 승소 판결을 받아냈다.

박 변호사는 "금호산업의 공법과 특허 내용을 분석해 탈락업체의 주장과 달리, 선정된 공법기술이 기술제안서에 소개된 기술, 특허권에 포함된 기술과 본질적으로 다르지 않다는 점을 주장, 입증해 얻어낸 결과"라며 "특히 감사원의 판단을 뒤집은 의미 있는 판결"이라고 소개했다.

"대형 로펌에 있을 땐 같은 IP 분야라도 변호사들이 업무를 나눠서 하니까 제한된 사건만 처리하는 한계가 없지 않았는데, 그루제일에선 IP 자문과 민·형사, 행정, 특허소송 등 훨씬 다양하게 사건을 다룰 수 있어 한층 보람과 재미를 느낍니다."

고려대 법대를 나온 박 변호사는 제36회 사법시험에 합격했으며, 카이스트에서 지식재산공학 석사학위도 받았다.

'인사노무 전문'

법무법인 인터렉스

www.interlex.kr

'인사노무 전문' 부티크인 법무법인 인터렉스는 김앤장 법률사무소, 법무법인 광장 등에서 오랫동안 경험을 쌓은 이재훈 변호사가 주축이 되어 2020년 2월 문을 열었다. 이재훈 변호사는 2007년 노동 전문 부티크인 I&S 법률사무소(현재의 법무법인 아이앤에스)에서 변호사 생활을 시작한 초지일관 노동 전문 변호사로, 인터렉스는 설립 초기부터 대기업과 한국에 진출한 외국계 기업에 대한 효율적인 자문으로 인기를 끌고 있다. 이 변호사가 광장, 김앤장 시절 자문한 클라이언트가 대부분 대기업과 외국계 기업으로, 이 변호사는 "대형 로펌에서 제공하던 고퀄리티의 자문을 합리적인 비용으로 기동성 있게 효율적으로 제공하는 것이 인터렉스의 강점"이라고 강조했다.

2021년 수행한 국내 유명 건설사의 비정규직 근로자에 대한 차별적 처우 진단 및 개선 프로젝트 자문이 인터렉스가 수행한 대표적인 자문 사례로 꼽힌다. 이 변호사는 "국내의 건설사들엔 다양

이재훈 변호사
손현채 변호사

한 고용형태가 존재하고, 정규직과 비정규직 사이에 업무 내용이나 역할의 차이로 인해 임금이나 복리후생이 차등 지급되는 경우가 많다"고 지적하고, "약 2개월에 걸쳐 주요 사업장에 대한 현장 실사 및 인터뷰를 통해 비정규직에 대한 임금 등 근로조건의 차등 지급이 노동관계법에 위반되는지 여부를 진단하고 개선방안을 마련해 제공했다"고 소개했다.

유명 IT 회사 직장 내 괴롭힘 사건 자문

인터렉스는 또 유명 IT 회사의 직장 내 괴롭힘 사건에서 자문하고, 중국 사업의 실적 악화에 따라 현지에서 채용된 중국인 인력의 감축이 필요한 한국 기업 중국 사업장에서의 인력구조조정에 대한 자문을 의뢰받아 중국 노동 관계 법률 분석, 협상전략 수립, 보상안 마련 등을 통해 무난히 구조조정 목표를 달성하도록 성공적으로 업무를 수행하는 등 국내외를 넘나들며 활약하고 있다. 인터렉스엔 중국법 컨설턴트가 함께 근무하고 있으며, 이재훈 변호사도 중국 노동법에 대해 잘 안다.

이번엔 한국에 진출한 외국계 기업에 대한 자문. 2021년 외국 제약사의 직장 내 괴롭힘 신고와 관련해 가해자 및 참고인에 대한 대규모 내부조사를 수행하는 등 인터렉스가 상시 자문하는 외국계 클라이언트엔 제약사, 전자회사, 제조업체 등 다양한 업종의 회사가 포함되어 있다.

네이티브 수준의 유창한 영어를 구사하는 손현채 변호사는 "한국

변호사가 직접 영문 의견서를 작성해 제공하고, 외국계 기업의 해외 본사와 직접 커뮤니케이션하면서 인사노무 관련 업무를 진행하는 부티크 로펌은 아마 인터렉스가 유일할 것"이라고 힘주어 말했다.

인터렉스는 이재훈 대표와 함께 외국계 기업에 대한 자문을 많이 수행하는 변시 1회 출신의 손현채 변호사, 이재훈 변호사와 사법연수원 동기로 송무 경험이 많은 권은집 변호사 등 3명의 파트너가 세 축을 형성하며 후배들과 함께 시너지를 높이고 있다. 전체 변호사는 모두 6명. 외국계 기업에 대한 자문이 강한 인터렉스의 변호사들은 모두 영어 등 외국어에 능통하며, 권은집, 한재언 변호사는 일본어, 박정은 변호사는 프랑스어에도 능하다. 윤수민 변호사는 중국어를 잘 한다.

인터렉스는 특히 인사노무 관련 소송사건도 활발하게 수행하지만, 상시 자문을 맡아 노사관계가 원만하게 유지, 발전되도록 돕는 자문업무에서 강점을 발휘하고 있다.

권은집 변호사

컴플라이언스 등 분쟁 예방 자문 중시

이 대표는 이와 관련, "노동자 등으로부터 소송이 제기되면 물론 사용자 측을 대리해 방어하는 게 우선이겠지만, 저희는 기본적으로 소송이 제기되지 않게끔 하는, 회사 내부의 사전적인 컴플라이언스 활동을 중시하는 분쟁 예방 자문을 중시한다"며 "인터렉스의 자문의견이 클라이언트 회사의 인사노무 시스템으로 정립되어 실행되는 것을 직접 목격하면서 보람을 느낄 때가 많다"고 말

뒷줄 왼쪽부터 시계방향으로 법무법인 인터렉스의 권은집, 박정은, 한재언, 손현채, 이재훈 변호사가 인터렉스 로비에서 포즈를 취했다.

했다. 손현채 변호사는 또 "분쟁이라는 게 다 상처를 남기지만, 인사노무 관련 소송은 특히 회사의 조직질서에 부정적인 영향을 크게 미치고 설사 사용자가 승소하더라도 기존의 회사 방침을 바꾸게 되는 등 파장이 큰 경우가 많다"며 "소송이 발생하지 않도록 사전에 리스크를 진단하고 리스크가 발견되는 경우에는 적시에 이걸 개선할 수 있도록 자문해 소송 등 분쟁을 미연에 방지하는 것을 인사노무 자문의 1차적인 목표로 잡고 있다"고 설명했다. 한마디로 상시 자문과 컴플라이언스 활동을 통해 소송 자체가 발생하지 않게 하는 게 인터렉스의 필승 전략인데, 클라이언트들도 인터렉스의 이러한 접근을 매우 선호한다고 한다.

소송 안 생기게 하는 게 전략

인터렉스는 유명 제과업체에 부당노동행위 리스크 대응과 관련해 자문하고, 상장사인 헬스케어 전문기업에 스톡옵션을 포함한 장기 성과보상제도 도입에 관한 자문을 성공적으로 수행했다. 또 2022년 상반기 유명 플랫폼 기업 대표이사의 퇴직 협상을 진행하는 등 대표이사 등 임원의 퇴직 과정에서 발생하는 회사와의 갈등을 원만하게 조율하는 협상도 인터렉스가 많이 수행하는 업무 중 하나다.

인터렉스의 자문 대 소송 업무의 비중은 약 7대 3. 소송 업무는 특히 인터렉스에 합류하기 전 서초동의 송무 법률사무소에서 오랫동안 경험을 쌓은 권은집 변호사가 주도적으로 활약하고 있다.

건설·부동산 분야 자문과 소송에도 많은 경험을 보유하고 있는 권 변호사는 건설회사를 상대로 안전보건관리체계 구축 등 중대재해처벌법 대응 컨설팅 업무도 다수 진행하고 있다.

인터렉스는 대기업, 외국 기업에 대한 성공적인 자문에 이어 얼마 전부터 중견·중소기업으로 영역을 넓히고 있다.

이재훈 대표는 "대형 로펌 수준의 전문적이고 체계화된 서비스를 제공하되 비용 문턱을 낮추어 접근성을 높일 수 있다면 저희를 필요로 하는 다양한 고객에게 양질의 법률자문을 제공할 수 있다고 판단했다"며 "중견·중소기업의 경우 인사노무 관리 시스템이 제대로 갖추어져 있지 않다 보니 전문 변호사의 도움이 필요한 분야가 정말 많다"고 말했다. 특히 "최근 들어 MZ세대가 기업의 주축으로 성장하면서 체계적인 시스템에 대한 요구나 기대가 강한 반면, 중견·중소기업의 경우 제도나 관리체계가 아직 미흡하여 사내 갈등이 생기고 각종 쟁송으로 비화되는가 하면 심각한 경우에는 우수인력의 퇴직으로 이어져 결국 기업의 경쟁력을 약화시키는 요인으로 작용하기도 한다"고 우려를 표명하고, "중견·중소기업은 소송 등 쟁송을 예방하기 위한 리스크 관리, 시스템 정비가 한층 요구된다"고 거듭 주문했다.

어느 기업이나 마찬가지겠지만 특히 중견·중소기업에 자문 수요가 많은 인사노무 이슈는 무엇일까?

이재훈 변호사는 "해고 등 징계사건이나 임금 관련 분쟁은 항상 꾸준히 있는 편"이라고 전제를 달고, "최근 노동조합 조직률이 급격히 높아지면서 노조가 설립되는 중견·중소기업이 많아지고 있는데, 노조가 설립되면 집단적 노사관계를 경험한 적이 없는 중견·중소기업으로서는 교섭이나 단체협약 체결에 많은 어려움을 겪을 수밖에 없어 관련 자문 수요가 많아질 것으로 보인다"고 예상했다.

이 변호사는 또 직장 내 괴롭힘이나 직장 내 성희롱이 여전히 자문 수요가 많은 이슈라며, "종전보다 인식이 많이 개선되기는 하였으나 컴플라이언스가 체계적으로 정립되지 않은 중견·중소기업의 경우 더욱 세심한 주의가 필요하고, 기업 이미지나 평판에도 악영향을 미치기 때문에 이를 엄단하고자 하는 경영진의 의지와 반복적인 내부교육이 무엇보다 중요하다"고 조언했다. 그는 "직장 내 괴롭힘이나 성희롱 이슈에 대해 자문할 경우 가해자를 강력하게 제재하도록 의견을 드리는 동시에 사태 발생의 근본 원인을 분석하여 회사의 운영체계를 변화시키고 내부의 인식 전환을 유도하고자 노력하고 있다"고 덧붙였다.

2022년 1월 27일부터 본격 시행에 들어간 중대재해처벌법 관련 자문도 빼놓을 수 없다. 권은집 변호사는 "조직적·재무적 기반이 취약한 중견·중소기업의 경우 중대재해가 발생하면 기업의 존립 자체가 뿌리째 흔들릴 수 있어 대기업보다 오히려 자문이 더욱 필요해 보인다"고 진단했다. 인터렉스에선 유명 물류업체를 포함한 다수 기업을 상대로 중대재해처벌법 대응 컨설팅을 수행했거나 수행 중에 있다.

다시 말하면, 노조 설립 증가에 따른 집단적 노사관계 이슈, 직장 내 괴롭힘 등 컴플라이언스 이슈, 중대재해처벌법 시행에 따른 안전보건 관련 이슈가 인터렉스가 주목하는 중견·중소기업의 올해 3대 이슈로 압축된다. 권은집 변호사는 또 소송 쪽에서는 최근 하급심 판결이 엇갈리고 있는 경영성과급 이슈가 주목된다고 덧붙였다.

'인사노무 전문' 인터렉스의 중견·중소기업 상대 법률서비스 강화는 법률회사의 도움을 받아야 하는 자문 수요는 많지만 대형 로펌의 문을 두드리기엔 여의치 않은 기업들에게 큰 도움이 될 것으로 보인다.

소통을 강조하는 인터렉스의 의지는 법인 이름에서도 확인된다. 영문 이름 'InterLEX'는 interaction의 inter와 law를 의미하는 라틴어 LEX의 합성어로 고객과의 긴밀하고 능동적인 소통의 중요성을 강조함과 아울러 구성원들 간에도 치열하게 의견을 교환하고 소통하자는 취지라고 한다.

이재훈 대표는 또 "InterLEX엔 international law firm의 의미도 있는데, 여기엔 미국의 인사노무 전문 로펌인 Littler Mendelson을 롤모델로 하여 인사노무 분야에서 글로벌 로펌으로 성장하자는 비전이 담겨 있다"고 강조했다. 인터렉스는 실제로 대기업 등 수십 곳에 이르는 고정 자문기업 중 외자계가 좀 더 많을 정도로 외국계 기업들 사이에 높은 인기를 끌고 있다.

의대 가려다
법대 다시 들어가 변호사 된 이재훈 대표

연세대 법대 재학 중 제46회 사법시험에 합격한 이재훈 변호사는 대학을 사실상 두 번 다닌 경우에 속한다. 의대 진학을 꿈꾸다가 고려대 공대에 입학한 이 변호사는 재학 중 군대를 다녀온 후 의대 입학을 목표로 다시 수능을 보려했다고 한다. 그런데 함께 도서관을 다녔던, 행정고시를 준비하던 친구가 화장실 간 사이에 친구의 헌법학 교과서를 본 게 의대에서 법대로 진로를 바꾸는 계기가 되었다. 합헌결정이 난 사형제도의 위헌 여부에 관한 헌법재판소 결정의 소수의견에 나오는 "한 사람의 생명은 지구보다 더 무거운 가치를 지닌다"는 문구에 꽂혀 법률가가 되기로 방향을 바꿔 법대에 진학한 것.

이 변호사는 '의사가 되면 한 사람을 고칠 수 있지만 훌륭한 법조인이 되면 사회를 구할 수 있구나, 영향력이 사회 전체에 다 미칠 수 있구나'라는 생각에 법대 진학으로 진로를 수정했다고 말했다. 그는 또 "당시 사법시험은 학력 제한이 없어 꼭 법대를 나오지 않아도 시험에 붙기만 하면 법조인이 될 수 있었는데, 의대를 나와야 의사가 되는 것처럼 법조인이 되려면 법대를 나와야 하는 줄 알고 연대 법대에 진학했다"며 "비법대생도 사시에 합격해 법조인이 될 수 있다는 사실은 나중에 알았다"고 회고했다.

2007년 초 사법연수원을 36기로 수료한 이 변호사는 노동법 전문을 지향, 인사노무 부티크의 원조쯤 되는 I&S 법률사무소에서 변호사 생활을 시작했다. 이후 법무법인 광장, 김앤장 등을 거쳐 2020년 인터렉스를 설립했다.

올해로 변호사 16년째인 이 변호사는 의사가 환자의 아픔이나 고통을 치료할 때 희열을 느끼는 것처럼 자문회사와 성장통을 함께 하며 해결해가는 데서 느끼는 보람을 인사노무 변호사의 가장 큰 보람으로 들었다.

"기업에도 생애주기라는 것이 있어요. 상시 근로자가 30에서 50명, 그다음에 100명, 300명 이렇게 늘어나며 인사노무 쪽에서도 이제는 직원들의 비위행위에 대해 징계를 해야 할 필요가 생기고 시스템을 바꿔야 하는 시기가 오게 되는데, 장기간에 걸쳐 클라이언트 회사에 자문하며 일종의 연대의식이라든지 동지애 같은 게 생기는 경우가 많습니다."

이 변호사는 또 "인사노무 자문은 기업의 구성원들이 어떤 생각을 가지고 있고, 경영자가 회사에 대해, 직원에 대해 어떤 인식을 가지고 있는지 회사의 히스토리를 잘 알아야 제대로 자문할 수 있다"며 "주치의처럼 지속적으로 상시적으로 자문해야 보다 충실한 맞춤형 자문이 이루어질 수 있는 특징이 있다"고 강조했다.

'벤처·기술기업 자문'에 능한

법무법인 비트

www.veatlaw.kr

서울대 컴퓨터공학과 출신의 최성호 변호사가 주축이 되어 2015년 문을 연 법무법인 비트는 'IT' 전문 로펌으로 분류된다. 최 변호사와 함께 IT와 IP, M&A 등 기업자문에 특화한 변호사들이 모여 핀테크, 게임, O2O 등 IT 기반 비즈니스에 대한 깊은 이해를 바탕으로 다양한 법률서비스를 제공하고 있다. 특히 벤처와 스타트업, 테크놀로지 기업이 비트가 자문하는 주된 고객층으로, 로펌 이름 VEAT도 'Venture and Technology'를 의미한다고 한다.

소프트웨어 개발사에 애플리케이션 개발을 의뢰하였다가 장기간 개발이 지연되는 등의 사유로 발생한 분쟁과 관련해 자문하고, 디지털 헬스케어의 국내외 신규 서비스 론칭을 앞둔 회사의 의뢰를 받아 이용약관, 개인정보처리방침, 개인정보 동의 서식 작성 등과 관련해 자문하는 등 비트의 전문성이 돋보이는 업무사례가 속속 타전되는 가운데 비트가 얼마 전부터 뜨거운 주목을 받는 분야는 스타트업을 대리한 투자유치 등 M&A 관련 자문이다.

M&A 누적 자문액 1조 훨씬 넘어

비트는 2022년 상반기 블룸버그 집계 M&A 리그테이블에서 32건, 4억 1,600만 달러의 거래에 자문하며 김앤장, 법무법인 세움, 광장, 세종에 이어 거래건수 기준 5위의 놀라운 성과를 거두었다. 비트 관계자는 "자문건수를 집계하기 시작한 2019년 1월 이후 2022년 6월 말까지 누적 301건, 1조 2,034억원 규모의 M&A

거래에 자문했다"며 "2015년 설립 이후부터 계산하면 훨씬 더 많은 M&A 거래를 수행했다"고 소개했다.

비트는 최근 반려동물 전문몰인 펫프렌즈가 IMM PE와 GS리테일에 공동 인수되는 거래에서 펫프렌즈에 자문했다. 1,000억원 이상의 M&A까지 자문하게 된 것으로 비트에선 M&A 조건에 대한 논의, Term-sheet, SPA, SHA 검토 등 거래에 관련된 일체의 법률자문을 제공하여 성공적으로 거래를 마무리했다.

특히 비트가 자문한 거래 중엔 추후 후속 투자가 이루어지면 선투자자의 지분율을 결정하는 SAFE 투자, 해외법인을 설립하여 그 해외법인을 국내 법인의 모회사로 전환하는 플립(Flip) 거래 등 스타트업에 걸맞은 다양한 형태의 거래가 다수 포함되어 있어 한층 주목을 받고 있다.

비트는 증강현실(AR) 서비스 관련 애플리케이션을 제공하는 외국 기업의 요청으로 SAFE 투자계약서를 비롯한 투자자간 합의

최성호 변호사

(Investors Agreement), 근속의무약정 작성 등의 자문을 제공했다. SAFE란 후속투자에서 결정된 기업가치에 따라 초기 투자자들의 지분이 결정되는 투자 방식으로, 밸류에이션(기업가치) 산정이 어려운 초기기업에 적합한 투자방식이다. 비트는 특히 이 외국 기업이 SAFE 투자계약 후 해당 회사의 인력과 직접 근로계약을 체결하는 구조로 진행할 것을 희망해 이에 맞추어 SAFE 투자계약서를 작성하고 관련 이슈에 대한 법적 검토 등을 완벽하게 수행했다.

이외에도 네이버를 대리해 크리에이티브 테크기업인 자이언트스텝에 대한 70억원 규모의 투자를 성공적으로 진행하고, 마키나락스를 대리해 120억원 규모의 시리즈 A 투자유치를 성사시키는 등 의미 있는 다양한 거래가 비트의 업무사례에 소개되고 있다.

2019년 1월부터 시행되고 있는 '한국형 규제샌드박스'에 대한 자문도 비트의 단골 업무 중 하나다.

이공계 출신 변호사 비중 높아

2021년 현재 모두 14명의 변호사가 상주하고 있는 비트는 이중 4명이 이공계 학부를 나온 변호사로, 이공계 출신의 비중이 상대적으로 높은 편이다. 백승철 변호사는 연세대 공대 전자과를 졸업했으며, 네이버에서 검색개발센터 과장으로 근무하기도 한 안일운 변호사는 연세대 공대 컴퓨터과학과를, 전용환 변호사는 연세대 물리학과를 나왔다.

비트는 홈페이지에서 VC·PEF, 암호화폐·블록체인, 스타트업,

게임회사, 일반기업 등으로 업종을 나눠 350개가 넘는 고객사 명단을 공개하고 있다. 스타트업이 가장 많고, 이어 게임, VC·PEF, 암호화폐·블록체인 등으로 고객군이 형성되어 있으며, 일반기업, 공공기관 고객도 상당하다.

'기업법무의 현명한 조언자'

법무법인 기현

www.kiehyun.com

이른바 국정농단 사건으로 징역 2년 6개월을 선고받은 이재용 삼성전자 부회장이 광복절 가석방 대상에 포함되어 2021년 8월 13일 풀려났다. 이 부회장의 이 사건이 언급될 때마나 재야법조계에 관심을 불러일으키는 대목 중 하나가 대형 로펌들과 함께 이 부회장의 변호를 맡았던 '기업법무 전문' 법무법인 기현이다.

도대체 어떤 로펌이길래 설립된 지 얼마 되지 않은 기현이 국내외의 시선이 집중된 이 사건에서 변호인으로 선임된 것일까. 기현이 설립된 것은 2016년 1월. 이재용 부회장이 삼성그룹 승계에 대한 묵시적 청탁과 함께 박근혜 전 대통령과 최순실씨에게 뇌물을 건네고 회삿돈을 횡령한 혐의로 기소된 것은 2017년 2월로, 김앤장에서 활동하던 이현철 변호사가 주도해 문을 연 기현은 당시 설립 1년 밖에 안 된 신생 로펌이었지만 곧바로 국정농단 사건의 이재용 변호인으로 선임되었다.

이재용 삼성전자 부회장 변호 유명

해답은 이현철 변호사의 뛰어난 전문성에서 찾을 수 있다. 이 변호사는 서울지법 판사를 거쳐 김앤장 회사법 파트에서 약 20년간 활약한 기업법무 특히 기업 인수·합병과 경영권 분쟁의 전문가로, 비록 특가법상 뇌물 혐의에 관한 형사재판이지만 삼성그룹 승계라는 대가성과 관계되는 삼성물산-제일모직 합병의 적법성을 강조하는 데 M&A 전문가인 이 변호사의 자문이 필요해 내로라하는 수많은 형사변호사들과 함께 이 부회장의 변호인으로 선임된 것이다.

서울대 법대 재학 중 제30회 사법시험에 합격한 이 변호사는 2003년 하버드 로스쿨에서 기업지배구조와 기업재무에 관한 연구로 법학박사(SJD) 학위를 받았다. 2003년과 2008년 두 차례 하버드 로스쿨에서 기업지배구조를 주제로 강사로 활동한 경력도 있다.

당시 법무법인 태평양이 이 부회장의 변호를 주도하고, 김앤장은 이 부회장의 변호인으로 선임되지 않았지만, 법조계에선 김앤장 출신 이현철 변호사팀이 변호인으로 참여해 사실상 김앤장의 변호를 받는 것이나 다름없다는 관측이 나왔으며, 이 부회장은 이러한 합동 변호에 힘입어 2018년 2월 서울고법의 항소심 재판에서 징역 2년 6월에 집행유예 4년을 선고받고 풀려났다.

공인회계사 자격과 뉴욕주 변호사 자격도 갖춘 이현철 변호사가 지휘하는 기현은 기업지배구조 자문과 함께 은행 차입거래와 신주 발행 및 회사채 발행과 같은 전통적 방식의 금융거래부터 인

이현철 변호사

수금융, 기업공개, 신종자본증권 발행 등에 이르기까지 기업의 자금조달에 필요한 법률자문과 이와 연계하여 필수적으로 수반되는 회계·세무에 대한 자문을 포함한 종합적 법률서비스를 제공하는 기업재무, 사업구조개편, 인수합병과 기업분쟁 해결의 5대 업무분야를 제시하고 있다. 특히 M&A 자문에서 탁월한 역량을 발휘하는 기현은 연합인포맥스가 집계한 2021년 M&A 리그테이블에서 발표기준 9위를 차지했다.

M&A 리그테이블 '9위'

기현은 2016년 설립 이후 두산중공업과 두산엔진의 분할합병, (주)두산과 두타몰 합병 등 두산그룹의 사업조정 관련 업무를 수행했으며, 2016년 산업기계 사업부를 현대중공업 터보 기계로 분사한 것을 시작으로 2018년 발전플랜트 보일러 사업부를 현대 파워시스템으로 분사한 것까지 일련의 현대중공업 그룹 분사를 지원했다.

또 2018년 신일철주금화학으로부터 금호피앤비화학의 지분을 매입하는 등 금호석유화학 그룹의 합작투자를 정리하고, 자본시장 분야에서도 네오플럭스의 코스닥 상장, 2016년에 상장이 완료된 두산밥캣 IPO 등에 자문했다.

두산솔루스의 7,000억원 규모의 53% 지분 매각, 두산중공업의 1.3조원 유상증자, 두산퓨얼셀의 3,000억원 유상증자 등도 기현이 수행한 의미 있는 거래들로 소개된다. 기업분쟁 쪽에선 기현이 두산 측 소송대리인 중 한 명으로 참여해 2021년 1월 승소 취지의 파기환송 판결을 받아낸, 두산인프라코어와 재무적 투자자들 사이의 1조원대 동반매도요구권(drag-along right) 관련 대법원 판결이 가장 먼저 이름이 나온다.

기현은 또 인도네시아에서 여수항으로 금호석유화학의 발전용 유연탄을 운송하던 하나로해운이 선박 고장으로 100일 가량 늦게 여수항에 도착한 사건에서, 금호석유화학을 대리해 인도지연으로 추가 내지 증가된 운송료와 하역보관료 6억 7,800여만원을 지급하라는 승소 판결을 받아내기도 했다.

기현은 대표를 맡고 있는 이현철 변호사에 이어 남현수, 정한진, 김선우 변호사까지 4명의 파트너가 모두 김앤장에서 다년간 활동한, '김앤장 출신'들이 주축을 이룬 로펌으로도 잘 알려져 있다.

기업지배구조, 기업금융 쪽에 경험이 많은 남현수 변호사는 서울대 법대 재학중 제39회 사법시험에 합격하고, 듀크대 로스쿨에서 LLM을 했으며, 김앤장에서 12년간 재직한 후 법무법인 이제를 거쳐 2018년 기현에 합류했다.

서울대 경영대학을 나온 정한진 변호사와 서울대 법대 출신의 김선우 변호사도 김앤장에서 10년, 7년간 근무한 기업법무의 베테랑들로, 정, 김 두 변호사는 이현철 변호사가 2016년 기현을 출범시킬때부터 함께 한 창립 파트너들이다. 정한진, 김선우 변호사는 김앤장에 있을 때 USC 로스쿨로 연수를 다녀왔다.

말하자면 이들 4명의 파트너가 빚어내는 김앤장 스타일의 프랙티스가 기현의 강점인데, 기현은 전체 변호사가 파트너 4명을 포함해 9명밖에 되지 않지만, 대형 로펌들도 따내기가 쉽지 않은 대기업 사건에서 활약하고 있다.

이현철 대표는 "해당 업무를 직접 수행하는 기업의 현업팀과 밀착하여 거래 초기부터 구조의 수립과 이슈 점검을 지원하는 '기업 밀착형' 서비스가 기현의 강점"이라며 "법률적 이슈의 검토 외에 기업의 의사결정에 중요한 부분을 차지하는 회계, 세무 분야까지 커버하는 종합적인 서비스를 제공한다"고 소개했다.

'기현'은 '기업을 위한 현명한 조언자'라는 의미로, 기현 사람들은 Concentration, Confidentiality, Creativeness, Cost-Efficency, Collaboration의 이른바 5C를 기현이 추구하는 가치로 내걸고 있다.

대형 로펌 출신의
'다국적 연합군'

법무법인 위어드바이즈

WeAdvise

www.weadvise.co.kr

위워크(wework)는 공유오피스의 대명사와 같은 회사이고, 위메프(wemakeprice)는 전자상거래로 유명한 IT 기업 중 한 곳이다. 그러면 위어드바이즈(WeAdvise)는 어떤 회사일까?

상호에 표현된 의미대로, '자문하는 회사'인데, 좀 더 상세하게 설명하면 대형 로펌 출신의 변호사들이 모여 중소·중견기업, 스타트업 등에 중점적으로 자문하는, 2019년에 설립된 '기업법무 전문' 부티크, 법무법인 위어드바이즈를 가리킨다. 위어드바이즈의 창립 파트너 중 한 명인 김호준 변호사는 "요즘 유행을 따라 위(we) 계열로 이름을 지었는데 반응이 꽤 괜찮다"고 소개했다.

2021년 M&A 자문 6위

기자가 위어드바이즈의 이름을 처음 접한 것은 분기마다 제공되는 블룸버그의 M&A 리그테이블 자료에서였다. 위어드바이즈가 문을 연 지 얼마 안 된 2019년 10월 초 발표된 3분기 한국시장 M&A 리그테이블에서 위어드바이즈는 8건, 모두 1,700만 달러의 거래에 자문하며 거래건수 기준 공동 10위를 차지했다. 도대체 혜성처럼 나타나 블룸버그 리그테이블에 처음 이름을 올린 이 로펌이 어디일까? 3개월 후인 2020년 1월 초에 나온 2019년 1년간 자문실적을 종합한 '2019년 M&A 리그테이블'에선 순위가 1단계 뛰어올라 단독 9위를 마크했다. 총 20건, 5억 5,000만 달러 규모의 거래에 자문한 결과로, 특히 2019년 7월 오픈해 6개월간 자문한 실적만으로 '톱 10'에 들어 로펌 업계에서도 화제가 되었다.

1년 후인 2020년 1년간 M&A 실적은 거래건수 기준 8위, M&A 시장이 호황을 누리며 역대 최고를 기록한 2021년 리그테이블에선 93건, 21억 6500만 달러의 거래에 자문하며 설립 2년 만에 거래건수 기준 6위를 차지한 것이 위어드바이즈의 현주소다.

기자는 전화를 돌려 위어드바이즈 취재에 나섰다. 서울중앙지방법원 등이 위치한 서초동 법원단지를 기준으로 치면 좀 거리가 있는 서울 봉은사로에 자리 잡은 법무법인 위어드바이즈는 사무실 모습부터 달랐다. 변호사들이 아무 칸막이 없이 탁 트인 공간에 각자 책상을 적당한 간격으로 띄어 놓고 열심히 컴퓨터 자판을 두드리는 모습은 영락없는 스타트업의 사무실이었다. 로펌의 사무직원들이 일하는 공간인가 싶어 주변을 둘러보았지만 대개의 로펌에서 쉽게 확인할 수 있는, 창쪽으로 칸칸이 붙어 있는 변호

위어드바이즈의 파트너 6명이 서울 봉은사로에 자리 잡은 위어드바이즈 사무실에서 포즈를 취했다. 별도의 변호사 방이 없고, 스타트업을 연상시키는 탁 트인 공간의 내부 인테리어가 특징이다.

사들의 방은 눈을 씻고 보아도 찾을 수 없었다.

변호사 방이 없는 부티크 로펌, 위어드바이즈 취재는 이렇게 시작되었다. 취재 후 나중에 따져보니 위어드바이즈엔 변호사들 방 외에도 없는 것이 더 있었다. 이 로펌엔 변호사를 도와 법률실무를 챙기는 이른바 사무장이나 사무직원이 없다. 5명의 창립 파트너로 시작해 불과 3년 사이에 전체 변호사가 20명을 넘어설 정도로 빠르게 성장하고 있지만, 여직원 6명이 이들 20명의 변호사를 서포트하는 후방 지원인력의 전부다.

하지만 2019년 7월 문을 열자마자 자문요청이 이어지며 변호사들이 눈코 뜰 새 없이 바쁘게 일하는 새로운 개념의 로펌이 위어드바이즈로, 실제로 위어드바이즈의 업무파일을 들춰보면 믿기지 않을 정도로 의미 있는 여러 딜이 이어지고 있다.

무엇보다도 위어드바이즈를 구성하는 파트너들의 높은 경쟁력에서 성공의 해답을 찾는 게 순리일 것이다. 위어드바이즈는 설립 이후 매년 대형 로펌 출신 변호사들이 잇따라 합류하며 변호사들 사이에서도 단연 화제다.

2019년 7월 출범 당시의 파트너는 법무법인 세종에서 경험을 쌓은 김남훈, 김병철 변호사와 김무언 외국변호사, 율촌 출신의 최연석, 김호준 변호사 등 5명, 어소시에이트 변호사는 한 명도 없었다.

이어 해가 바뀐 2020년 초 법무법인 태평양에서 경영권 분쟁과 기업소송 등의 업무를 주로 수행해온 국태준 변호사가 합류하고, 같은 태평양 출신의 박준용 변호사와 김앤장에서 오랫동안 활동한 배태준 변호사, IT 전문의 안준규 변호사, 잠시 검사로 근무한 후 율촌에서 파트너로 활동한 김태균 변호사, 세종 출신의 김지호, 김지훈, 송우용 변호사가 잇따라 합류하며 다국적 로펌 연합군의 진용이 갈수록 두터워지고 있다.

　법무법인 세종에서 변호사 생활을 시작한 후 기업체로 옮겨 NHN비즈니스플랫폼 법무팀장, 네이버의 준법지원인으로 활약한 정연아 변호사도 2021년 8월 1일자로 합류했다. 2022년 들어서도 주요 로펌에서 경험을 쌓은 중견변호사들의 합류가 이어지고 있는 가운데, 2022년 5월엔 김신 전 대법관도 위어드바이즈호에 몸을 실었다. 위어드바이즈가 전직 대법관도 가세한 부티크 로펌으로 뜨거운 주목을 받고 있다.

시너지 기대되는 '잡종강세'의 경쟁력

　한마디로 세종, 율촌, 김앤장, 태평양 등 대형 로펌에서 역량을 키운 중견변호사들이 위어드바이즈로 모여 대형 로펌 못지않은 높은 수준의 법률서비스를 제공하며 인기를 끌고 있는 셈인데, 위어드바이즈의 한 관계자는 '잡종강세'라는 말로 위어드바이즈의 뛰어난 경쟁력을 설명했다. 실제로 위어드바이즈 파트너들의 프로필을 열어 보면, 전문분야, 업무분야가 위어드바이즈에 합류하기 전 활동했던 대형 로펌의 수 이상으로 매우 다양하게 구성되어 있는 것을 알 수 있다.

　세종에 있을 때 중국 청화대에서 상법학 석사학위를 받고 중국 로펌 King & Wood Mallesons 북경사무소에서도 근무한 김남훈 변호사는 M&A 자문이 텃밭이고, 김병철 변호사는 세종 시절부터 다양한 유형의 부동산 거래에 경험을 쌓은 부동산 전문가로 유명하다. 또 워어드바이즈에서 중견·중소 기업 등에 대한 공정거래 업무, 그중에서도 분쟁 관련 업무를 많이 수행하는 최연석 변호사는 소송펌으로 유명한 코브레앤김(Kobre & Kim) 뉴욕사무소에서 파견근무한 경력도 있다. 율촌 공정거래팀에서 활동했던 김호준 변호사도 담합이나 하도급, 표시광고법 관련 이슈 등에 자문하는 한편 스타트업에 내재된 분쟁이나 개인정보 보호 등에 관련된 다양한 자문을 수행하는 전문가로, 김 변호사는 위어드바이즈 합류 전 블록체인 쪽 정보를 제공하는 스타트업에 공동설립자로 참여해 1년간 최고법무책임자로 활동하기도 했다.

고교 시절 미국으로 유학을 떠나 시카고대에서 경제학을 공부하고 William & Mary 로스쿨(JD)을 졸업한 김무언 외국변호사는 부동산과 회사법 자문이 주된 업무분야다. 그는 벤처캐피탈을 대리해 동남아의 드론업체에 투자하는 60억원 규모의 해외 스타트업 투자를 진행하는 등 해외투자와 관련해 자주 이름이 나온다.

2020년 10월 합류한 김태균 변호사는 M&A 거래에서의 HR 실사 등 노동법 자문과 형사 등의 분야에서 분주하게 자문에 나서고 있다.

관건은 역량이 돋보이는 이들 파트너들의 각각의 전문성을 어떻게 한 그릇에 담아 시너지를 낼 것인가가 중요해 보인다. 이와 관련, 출범 초기 대표를 맡았던 최연석 변호사는 "담당 변호사의 단독 플레이가 아니라 모든 케이스에 반드시 두 명 이상의 파트너를 투입해, 주로 업무를 담당하는 변호사가 있지만, 오류가 있는지 없는지 크로스체크해 한층 완성도를 높이는 변호사 복수담당제를 채택하고 있다"고 말했다.

변호사 복수담당제 채택

실제로 위어드바이즈에서 실사부터 펀드 설립, 거래종결, 기업결합신고 등 전 방위적인 자문을 제공한, 와이어드파트너스를 업무집행사원으로 하는 PEF가 대산파워를 150억원에 인수한 거래의 경우 김남훈 변호사가 전반적인 업무를 수행한 가운데 법률실사와 실사보고서 작성은 김병철 변호사가, 김호준 변호사는 펀드 설립과 기업결합 신고를 맡아 성공적으로 딜을 마무리했다.

위어드바이즈는 홈페이지에서 기업일반, M&A/투자, 부동산, 공정거래/하도급, 일반 민·형사와 경영권 분쟁, 조세, 관세 및 국제통상, 노동, 정보통신/IT 등 대형 로펌 못지않게 다양한 업무분야를 제시하고 있다.

공동대표 중 한 명인 김병철 변호사는 "의도한 바가 아니었음에도 불구하고 전문 업무분야가 가장 많은 부티크 로펌이 되었다"며 "이러한 다양성 덕에 고객들에게 보다 더 입체적이고 종합적인 법률서비스를 제공할 수 있게 되었고 고객들의 만족도도 매우 높다"고 소개했다.

스타트업 투자 등에서 발군의 실력을 발휘하며 '톱 10' 위상의 위어드바이즈 M&A팀을 이끌고 있는 김남훈 변호사는 또 "위어드바이즈에선 일종의 트레이닝의 성격이 포함된 저년차 변호사를 아예 투입하지 않고, 중견 파트너가 처음부터 직접 업무를 수행, 고객들의 만족도가 높다"고 강조했다. 그에 따르면, 대형 로펌처럼 나중에 시니어 파트너가 관여해 비용이 추가되는 일도 없다고 한다.

거품 빼고, 일의 완성도는 높이고

한창 노하우가 축적된 중견변호사들이 직접 조사와 자문에 나서 일의 완성도를 높이고, 일체의 거품을 뺀 상대적으로 저렴한 비용으로 고객만족을 배가시킨다는 얘기인데, 위어드바이즈가 사건이 늘고 변호사들이 몰려들며 빠르게 발전하는 걸 보면 이러한 접근이 시장에서 먹혀들고 있는 것으로 보인다.

메이저 로펌에서 상당한 경험을 쌓은 후 부티크 로펌으로 모인 위어드바이즈의 변호사들은 법률시장이 의외로 넓다는 것을 실감한다고 했다. 틈새시장, 새로운 시장이 보인다고 했다.

김병철 변호사는 "연근해어업 정도 하려고 대형 로펌을 떠났는데, 막상 나와 보니까 태평양도 있고 인도양에서도 조업이 가능하다는 것을 알게 되었다"고 이야기했다.

중국 사정에 밝은 김남훈 변호사는 "삼국지에 보면 중원은 위나라가, 강동은 이미 오나라가 차지하고 있는 것을 보고 유비가

서촉으로 들어가 천하삼분지계를 주창하지 않았느냐"며 "대형 로펌과 판, 검사 출신의 전관 변호사를 위한 기존의 2개의 시장이 있다면, 아직도 빈 공지가 많은 나머지 하나가 중소기업이나 스타트업들이 의존할 수 있는 전문 로펌, 부티크 시장"이라고 갈파했다. 김 변호사는 이어 "대형 로펌과 판, 검사 출신 변호사들이 큰 시장을 형성한 이유가 그들에게 필요한 고객군이 있고, 이들 고객들에게 잘 대응한 때문일 것"이라며 "저희는 또 더 높은 수준과 합리적인 가격으로 도와드릴 수 있는 또 다른 큰 고객군이 있다고 믿고 있고, 그래서 이분들이 만족할 수 있는 선택지를 하나 더 드리려는 것"이라고 강조했다.

위어드바이즈의 도전, 새로운 시도가 성공으로 나타나고 있다. 특히 틈새시장 정도가 아니라 대형 로펌이나 전관 출신 등 개인변호사 시장과는 또 다른 블루오션을 발견하고 개척한다는 적극적인 얘기여서 한층 높은 관심이 쏠리고 있다.

"변호사 모이게 했더니 고객 늘어"

2019년 7월 문을 열어 3년이 흐른 2022년 7월 현재 위어드바이즈는 주요 파트너들이 법무법인 세종, 김앤장, 법무법인 율촌, 태평양 등 메이저 로펌에서 상당기간 경험을 쌓은 다국적 연합군의 모습이다. 창립멤버로 참여해 공동대표를 맡고 있는 김병철 변호사를 만나 위어드바이즈의 빠른 성장과 대형 로펌 변호사들에게 인기가 높은 배경에 대해 들어보았다.

서울대 법대를 나와 제48회 사법시험에 합격한 김병철 대표는 육군 법무관으로 군복무를 마친 2012년 법무법인 세종에 입사해 부동산 분야의 파트너로 활약했으며, 세종에 있을 때 USC 로스쿨에서 LLM 학위를 받았다.

–위어드바이즈에 변호사가 모이고 고객군이 확대되는 초기 성공의 비결이 뭔가.

"어떤 법 영역이나 전문분야를 설정하고 조직을 구성한 것이 아니라 어떻게 변호사와 고객들을 모이게 할 것인가에 초점을 맞추어 고민했다는 점을 먼저 강조하고 싶다. 같이 있으면 즐거운 동료, 믿고 맡길 수 있는 동료로 구성된 플랫폼을 만드는 데 자원을 집중한 결과다. 로펌의 핵심 연차에서 자타가 공인하는 유능하고 책임감 있는 분들이 모이고 이어 고객이 늘어나는 선순환 효과가 나타나고 있다.

기존 로펌과 다른 문법 채택

또 하나는 우리 법인은 운영 측면에서 기존 로펌과는 다른 문법을 채택하고 있다. 구성원들의 출퇴근이나 드레스코드에 제한을 두지 않고, 오픈 스페이스 구조로 사무실 인테리어를 구성, 구성원 간 커뮤니케이션과 협업을 촉진시키려 하고 있다. 여기에다 위어드바이즈는 모든 실적을 거의 실시간으로 전체 구성원들에게 공개하고 성과 배분에 반영하고 있는데, 이것이 각 구성원들 간의 신뢰와 성취도를 높이는 데 큰 도움이 되고 있는 것 같다."

-대형 로펌의 변호사들이 부티크로 향하고 부티크나 중소 전문 로펌들이 발전하는 배경은 무엇이라고 보나.

"로펌 관료화에 변호사들 답답함 느껴"

"변호사의 측면에서는, 대형 로펌의 가혹한 트레이닝을 거쳐 10년 이상 경력이 쌓이게 되면, 사실 독자적인 프랙티스(practice) 능력이 거의 완성되고, 실무가로서 프라임 타임이 시작된다고 볼 수 있다. 하지만 대형 로펌에는 워낙 기라성 같은 선배들이 많이 있다 보니, 자신의 능력을 자유롭게 펼치고, 그것을 시장에서 제대로 평가받을 기회가 아무래도 제한될 수밖에 없다. 대형 로펌에서 일종의 관료화가 진행되고 있는 셈인데, 이로 인한 일종의 답답함이 상당한 연차의 변호사들에게 상시적으로 있게 마련이다.

김병철 변호사

고객의 측면에서는, 프라임 타임에 있는 변호사들만 사용한다면 더 밀접한 소통, 빠른 대응, 차원 높고 입체적인 해결방안, 심지어 더 낮은 가격도 가능하지 않겠는가라는 수요가 있다고 생각한다. 위어드바이즈는 위와 같은 변호사들의 요구와 고객의 요구를 모두 충족시킬 수 있는 구성을 추구한다."

-대형 로펌 변호사들의 부티크행은 앞으로 얼마나 더 계속될 것으로 예상하나.

"대형로펌 출신 부티크행 계속될 것"

"대형 로펌에서도 소속 변호사들의 이탈을 막기 위한 노력을 할 것이지만, 그러한 노력이 조직 구조나 조직 문화의 전반적인 개선에 이르지 못하고 임시방편에 그친다면 이탈자가 일시적으로 줄어들 수는 있어도 대형 로펌 출신의 부티크행은 지속될 가능성이 높다. 미국 로펌의 순위를 살펴보면, 10년 사이에 많은 변화가 있었는데, 우리나라의 5대 또는 6대 로펌 체제 역시 순식간에 재편될 수 있고, 만약 그러한 체제에 조그마한 균열이라도 생긴다면 부티크행이 오히려 메가트렌드가 될 수도 있을 것이다."

中企 등에 법률수요 많은 이유는…

대기업보다는 중견·중소기업, 스타트업을 일차적인 고객군으로 생각하고 있는 위어드바이즈의 변호사들은 중소기업 등에 법률수요가 많은 이유를 다각도로 제시했다.

경영권 분쟁 전문인 국태준 변호사는 "본격적인 경영권 분쟁뿐만 아니라 스타트업의 코파운더(cofounder)들 사이에 서로 분쟁이 생겨 엑시트(exit)를 해야 하는 상황이 벌어졌을 때 상당히 난감한 경우가 많은데 요즈음엔 그런 것들도 주주권 행사를 통해 많이 풀어나가는 거 같다"며 "이런 경우 비용문제 등 때문에 대형 로펌을 찾아가기는 쉽지 않고 이 분야에 전문성을 갖춘 합리적인 가격의 전문 로펌이 있다면 크게 도움이 될 것"이라고 말했다.

법무법인 세종 부동산팀에서 오랫동안 활약하고 위어드바이즈에 창립멤버로 합류한 김무언 외국변호사는 또 "해외 스타트업체에 지분투자를 진행하는 벤처펀드(Venture Fund)의 경우 일반적인 국내 벤처투자 때의 투자조건과는 다른 경우가 많아 Term Sheet(거래조건) 협의 단계에서부터 긴밀하게 법률자문을 받는 것이 중요한데, 현지의 로펌을 선임하여 진행할 수도 있지만 해외투자 경험이 풍부한 위어드바이즈와 같은 부티크펌을 선임하여 투자를 진행하는 경우 가장 최적화된 자문을 효율적인 비용으로 제공받을 수 있다"고 강조했다.

벤처펀드 등의 해외투자와 관련해서도 위어드바이즈와 같은 부티크펌에서 지원할 것이 많다는 얘기로, 김 변호사는 "비록 대형 로펌이 주로 대리하는 딜에 비해 투자규모는 크지 않을 수 있지만 작은 규모의 투자라도 큰 수익을 거둘 수 있도록, 다수의 투자 건에서 충실히 자문에 임하고 있다"고 덧붙였다.

공정거래 분야가 전문인 최연석 변호사는 "중견기업, 중소업체들에서도 담합이라든가 이런 문제가 많이 발생하고 있고, 공정거래위원회에서도 규제의 포커스를 점점 낮춰 중견기업이라든가 중소기업들 간의 담합, 불공정거래 행위에 많이 집중하고 있다"고 소개하고, "위어드바이즈는 중견기업이나 중소기업이 관련된 공정거래 분쟁, 특히 피해를 보는 업체가 공정위에 신고를 해서 대기업과 싸우는 경우의 신고 대리, 자문 등을 많이 취급한다"고 말했다. 그에 따르면, 경쟁법 이슈로 인한 피해 보상 요구 등의 분쟁이 생기면 공정거래분쟁조정원에서 조정절차로 해결하는 경우가 많다고 한다.

또 중소벤처기업부도 분쟁조정 절차를 운영하고 있어 중소기업의 기술관련 분쟁 등은 이 절차를 이용한다고 소개했다.

중견·중소기업도 공정거래 이슈 많아

위어드바이즈 합류 전 스타트업의 최고법무책임자로 활동했던 김호준 변호사는 "스타트업의 코파운더로 합류해 현장에서 보니까 하도급 등 공정거래 이슈와 관련된 대기업과 중소기업간 분쟁은 물론 인사노무라든지 지식재산권 기타 이용약관이나 개인정보 보호 이슈 등 자문수요가 상당하다는 것을 피부로 절감했다"고 말했다.

공정거래 쪽을 좀 더 따져보면, 중소기업들에게 대기업의 공정거래법 위반을 지적하고 계속 협상할 수 있는 기회를 제공할 수도 있고, 중소기업이나 스타트업들이 전자상거래 플랫폼 등을 만들다보면 표시광고법이나 전자상거래법 이런 부분에서 위반할 가능성이 높아 자문수요가 적지 않다는 게 김호준 변호사의 의견이다.

위어드바이즈의 변호사들은 중소기업이나 스타트업에 대한 자문을 평가받아 김남훈, 김호준, 김병철, 최연석 4명의 변호사가 법무부 9988 중소기업법률지원단 자문변호사로 위촉되어 활동하고 있다.

김호준 변호사는 스타트업 자문의 공로를 인정받아 2019년 말 법무부장관 표창을 받기도 했다.

'소프트한 소통' 강조하는 스타트업 전문

법 무 법 인 별

 법무법인 **별**

www.star-law.kr

'문 열자 마자 대박'이라고 표현해도 무색할 정도로 빠른 속도로 발전하고 있는 로펌이 있다. 2020년 3월 또 다른 스타트업 전문 중소 로펌에서 M&A 변호사로 활약하던 강혜미 변호사가 주춧돌을 놓은 법무법인 별 얘기다. 스타트업과 M&A 자문이 주력인 별은 2021년 블룸버그 집계 M&A 리그테이블에서 44건, 3억 3,600만 달러의 거래실적을 자랑하며 9위를 차지한 데 이어 얼마 전 발표된 2022년 상반기 리그테이블에선 24건 2억 4,600만 달러의 거래에 자문하며 한 계단 더 올라 거래건수 기준 8위를 마크했다.

"스타트업과 M&A 자문의 풍부한 경험과 전문성은 물론이고, 층층시하로 이루어진 기존 대형 로펌의 경직된 틀을 깨는, 고객에게 친근하게 다가가는 소프트한 소통이 별의 강점이라고 생각합니다."

강혜미 대표변호사는 전문성과 소통의 두 가지를 내세웠다. 특히 "법무법인 별 자체가 스타트업"이라며 "스타트업과 같은 효율적인 업무처리로 고객사들의 환영을 받고 있다"고 강조했다. 실제로 스타트업이 많은 서울 테헤란로의 11층에 위치한 법무법인 별은 로펌이 아니라 카페에 온 거 아닌가 하는 착각이 들 정도로 로비부터 따뜻하고 부드러운 느낌을 주었다.

변호사 8명 평균연령 30대 초반

강 대표는 "변호사와 직원들은 100% 자율복장이며 특별한 규율, 지시 사항 없이 상호 전문가로서 존중하며 함께 일하고 있다. 모두 8명인 변호사들의 평균연령도 30대 초반인 젊은 조직이 별"이라고 거듭 스타트업 로펌 별의 차별적인 요소를 강조했다.

변호사 경력 14년째인 강 변호사는 대한변협에 스타트업과 M&A 두 분야를 전문분야로 등록한 변호사로, 지분투자를 포함해 그동안 수행한 스타트업 등에 대한 M&A 거래가 300건이 넘는다고 한다.

금융회사가 국내 최초로 핀테크 스타트업을 인수하여 주목을 받은 DGB금융지주의 뉴지스탁 인수 거래, 아이유피자로 유명한 반올림피자의 오케스트라PE로의 인수 거래 등이 2021년 별이 수행한 대표적인 스타트업 M&A 사례들로, 별은 각각 피인수회사인 뉴지스탁과 반올림피자에 자문했다. 또 상장사인 파마리서치가 의료스타트업 메디코슨을 인수하는 거래에서도 메디코슨을 대리해 거래를 성공적으로 마무리하는 등 고객사 중에도 스타트업이 압

강혜미 변호사

도적으로 많다.

헤이조이스·스튜디오무직에 자문

2022년 들어서도 별은 새벽 배송으로 유명한 인터넷쇼핑몰 마켓컬리가 여성 커뮤니티 스타트업인 헤이조이스를 인수하는 거래에서 헤이조이스에 자문하고, 무직타이거의 IP 권리를 보유한 스튜디오무직이 대원미디어로부터 투자를 받는데 필요한 자문을 제공했다.

이들 사례만 놓고 보면 별의 고객사가 스타트업에 집중되어 있는 것처럼 보이지만, 스타트업에 특화한 전문성이 알려지며 스타트업에 투자하는 투자자 측에서 자문을 의뢰하는 등 별의 고객기반이 다양하게 확대되고 있다. 별은 상장사인 스튜디오 산타클로스를 대리하여 넥스턴바이오사이언스를 인수하는 거래에 이어 호텔엔조이 등 스타트업에 투자하는 거래에 자문했다. 또 스파크랩,

심재우 변호사
원우진 변호사

BNH인베스트먼트, AIM인베스트먼트, 코로프라 등 창투사나 PE, 투자회사를 대리해 국내외 스타트업 투자, 펀드 결성 거래 등에 활발하게 나서고 있다.

스타트업 자문에서 전문성을 축적한 별은 스타트업 대표들의 관심이 높은 상표나 브랜드 관련 IP 분쟁, 경영권 분쟁 등으로 영역을 넓히며 외연을 확장하고 있다.

서울대 공대 재학 중 변리사시험에 합격하고 성균관대 로스쿨을 나와 제1회 변호사시험에 합격한 심재우 변호사가 IP 분야에서 도맡아 활약하고 있다. 또 2020년 5월 공채 1기로 입사한 고려대 로스쿨 출신의 원우진 변호사도 학부시절 전공한 금융공학 지식 등을 살려 경영권 분쟁 등의 사안에서 성공사례를 추가하고 있다.

주총 효력정지 가처분 방어

별은 상장회사의 발행주식 총수 중 약 2%를 보유한 법인 소수주주가, 대상회사를 상대로 제기한 주주명부 열람·등사 가처분과 주주총회 효력정지 가처분 사건에서 각각 대상회사를 대리해 2021년 9월과 11월 소수주주의 신청을 기각하는 승소 결정을 받아냈다. 특히 주총 효력정지 가처분에서 소수주주 측이 문제 삼았던 개정 정관의 내용은, 특정 사안과 관련하여 주주총회 특별결의 요건을 가중하는 이른바 '초다수결의제' 도입에 관한 것으로, 상법에 반하여 허용될 수 없어 무효라는 하급심 판례가 있어 한층 주목되었던 사안이다. 대상회사를 대리해 방어에 나섰던 별의 원우진 변호사는 "상법에서 명시적으로 정하고 있지 않다는 사정만으로 곧바로 이를 금지하려는 취지로 해석할 수는 없다는 점, 대상회사의 정관 규정이 '초다수결의제'에 해당할 만큼 가중되지 아니하였다는 점, 적대적 M&A에 대한 경영권 방어 수단에 해당한다는 점 등을 종합적으로 정리하여 개정된 정관 규정이 유효함을 적극적으로 주장했고, 법원이 이를 받아들여 소수주주의 신청을 기각, 그대로 확정되었다"며 "방어에 불리한 하급심 판례만 공개되어 있는 상황에서, 치밀한 법리 검토로 승소한 의미 있는 사례"라고 소개했다.

법무법인 별은 70~80곳에 이르는 고문계약 자문과 관련해서도, 로펌 최초로 이월제를 도입하여 당월에 사용하지 않은 자문시간은 다음 달에 추가해 자유롭게 사용할 수 있도록 함으로써 호평을 받고 있다.

스타트업 전문 강혜미 대표에게 최근의 스타트업 투자 동향에 대해 물어보았다.

"초기 투자금액이 과거에 비해 많이 올라갔어요. 또 스타트업의 협상력이 높아져 투자자가 제시하는 계약서에 그대로 사인해야 했던 이전의 불공정한 계약 체결 관행이 점점 긍정적으로 개선되고 있어 고무적으로 받아들이고 있습니다."

"BATNA 준비해 대등하게 협상하라"

수많은 스타트업을 대리해 투자유치나 인수·합병 거래 등을 수행하는 강 변호사가 스타트업에 조언하는 M&A 팁도 "대등하게 협상하라"는 것. 강 변호사는 "항상 BATNA(Best Alternative To a Negotiated Agreement) 즉, 대안을 준비해 협상해야 불공정한 결과를 방지하고 성공적인 M&A 결과를 확보할 수 있다"고 거듭 강조했다.

법무법인 별은 스타트업을 빛나게 하는 로펌, 스타트업이 유니콘이 되는 과정을 함께 하는 로펌, 빛이 되는 로펌이 되고자 하는 목표를 담아 '별'이라고 이름을 지었다고 한다.

유튜브 채널 '별별별' 꾸준한 인기

법무법인 별은, 강혜미 변호사가 직접 출연하는 유튜브 등 다양한 SNS 채널을 통해 고객과의 소통을 강화하고 있다. 1년 전 개설한 유튜브 '별별별'은 특히 스타트업 투자 또는 운영과 관련해 꼭 알아야 할 실용적인 내용을 강 변호사가 아주 쉽고 편안하게 해설해 높은 인기를 끌고 있다. 제9화인 "M&A 전 확인해야 할 사항"도 그중 하나로, 내용을 요약해 소개한다. '별별별'은 구독자가 약 1,500명에 이른다.

1. M&A 진정성 확인

먼저 인수 제안을 받았을 때, 인수 의사가 신빙성이 있는지, 진정성이 있는지를 확인할 필요가 있다. 상대방이 어떤 회사인지 알아봐야 한다. 그냥 한 번 떠보려고, 정보를 좀 캐내려고 접근하는 경우도 있기 때문이다. 보통 회계법인이나 변호사를 통해서 요청하거나 아니면 그 회사의 대표가 직접 연락할 때 좀 신빙성이 높고, 이름도 모르는 회사에서 누군지도

법무법인 별이 운영하는 유튜브 채널 '별별별'이 스타트업 투자에 관한 집중적인 콘텐츠로 꾸준한 인기를 끌고 있다. 강혜미 변호사가 "M&A 전 확인해야 할 사항"에 대해 설명하고 있다.

모르는 담당자라고 하면서 연락한다고 하면 인수 의사를 명확하게 확인해 볼 필요가 있다.

2. M&A의 구체적인 의미 확인

M&A는 사실은 매우 광범위한 개념이다. 인수와 합병 이 두 개를 합친 말인데, 스타트업 M&A에서는 합병을 많이 하지는 않고, 대부분의 경우 인수하는 방식으로 진행된다.

인수라고 말은 하지만, 사람만 빼오거나, 그 회사의 어떤 특정한 IP, 특정 기술만 빼오는 걸 원하는 경우도 있다. M&A가 정확하게 어떤 걸 의미하는지 확인해 볼 필요가 있다.

3. NDA

NDA는 비밀유지약정서를 말한다. 보통 스타트업이 인수제안을 받아 Term Sheet도 쓰고, MOU도 쓰고 아 이제 인수되는구나라고 생각하고, (대기업에서 요청하는 대로) 자료들을 그냥 다 주는 경우가 있는데 항상 유념해야 할 것은 이 딜이 언제든지 안 될 수도 있다는 점이다. 서로 알아가는 단계에서 항상 유념해야 할 것은 정말 중요한 영업비밀, 이런 자료들은 넘기기 전에 반드시 NDA를 체결해야 한다.

4. 최종단계

실사가 종료되면 인수인이 최종적으로 결정을 한다. 어떤 문제, 딜 브레이커라고 해서 이 딜을 하지 못 할 정도로 중대한 문제점이 발견됐다고 하면 드롭하기도 한다. 그 정도는 아니지만, 어느 정도 커버할 수 있겠다 싶으면 진행하는 거다. 실사 후에 딜을 진행하는 걸로 결정이 나면 본 계약을 체결하게 된다.

5. 본 계약 체결

　M&A 본 계약을 체결할 때 많은 협상을 한다. 조항 하나하나 당사자들끼리 치열하게 협상을 하게 되고 이때 변호사들의 자문이 필요하다. 계약을 체결하고 나면 그걸로 끝이냐? 그렇지 않다. 돈을 받아야 끝난다. 돈을 받기까지 또 그 사이에 선행조건이라고 해서 지켜야 하는 사항들을 계약서에 정하고 있다. 이런 것들을 충족하고 잔금이 지급되면 그때 클로징이 된다.

이 책에 소개된 한국의 부티크 로펌 25곳

로펌	설립연도	대표변호사	주요 업무분야
법무법인 세창	1992	김현	해상, 건설
법무법인 서로	1995	서상수	의료
법무법인 세경	1997	최종현 등	해상
법무법인 다래	1999	박승문	IP
법무법인 아이앤에스	2000	조영길	인사노무
법무법인 한누리	2000	김주영 등	집단소송
법률사무소 지현	2002	조성극	보험
특허법인 AIP	2003	이수완	IP
법률사무소 광화	2005	박성원	보험
법무법인 선율	2006	문광명	해상
법무법인 민후	2011	김경환	IT
법무법인 세움	2012	정호석	스타트업
법무법인 이제	2015	권국현	기업법무
법무법인 비트	2015	최성호	스타트업
법무법인 KL 파트너스	2015	김범수	국제중재, M&A
법무법인 기현	2016	이현철	기업법무
법무법인 가온	2017	강남규	조세
법무법인 리앤파트너스	2017	이승재	기업법무
법무법인 디라이트	2017	조원희	스타트업
법무법인 그루제일	2018	정여순	IP
법무법인 LAB 파트너스	2018	조영희	기업법무
법무법인 위어드바이즈	2019	김병철 등	기업법무
법무법인 피터앤김	2019	김갑유	국제중재, 국제소송
법무법인 인터렉스	2020	이재훈	인사노무
법무법인 별	2020	강혜미	기업법무